すっぴんメンタル

自分の感情に素直になれば
仕事も恋愛も大事にできる

大内悠里
Ouchi Yuri

KADOKAWA

弱い自分を嫌っていたけど
そんな自分の一面を
認めてあげられたとき
本当の自分になれたと思った

自分を偽るのではなく
ありのままの自分で……

すっぴんメンタルで！

STAFF

ブックデザイン
岩永香穂（MOAI）

撮影
永谷知也（WILL CREATIVE）

ヘア&メイク
竹下理恵

イラスト
牛久保雅美

DTP
ニッタプリントサービス

校正
鷗来堂

編集協力
山岸南美

営業
近部公子

制作
武田惟

編集
宮本京佳

はじめに

ありのままの自分で生きる。

言葉にするのは簡単ですが、すっぴんの心をさらけ出すのは勇気がいると思います。私自身、幼い頃から自分の思ったことを表現することが苦手でした。そのままの自分では人と上手くやっていけないのではないか、嫌われるのではないかと不安になって、ついつい取り繕ってしまいます。

それでも、一歩踏み出して言葉にしたり、まわりと衝突したりしながら昔よりも〝自分らしく〟振る舞えるようになったと思います。明日からすぐに変われるわけではないけれど、読んだ人が少しだけでも素直になれるように。そして、変化した自分を好きになれるように。そんなお手伝いができたら嬉しく思います。

まずは、簡単な経歴からお話しさせてください。

私は大内悠里《ゆうり》と申します。

現在は愛知県の名古屋市にて飲食店を数軒と、都内にも1軒お店を構えております。

三重県桑名市で生まれ、母と祖母のもとで育ちました。所謂《いわゆる》、このご時世では珍しくはない母子家庭。母と祖母の努力のおかげで、特に不自由のない生活を送ってこられたと思います。

中学・高校を卒業し、美容師専門学校へと進学。無事、美容師免許を取得し卒業。20歳のときに東京へ出て、いくつかのアルバイト経験をしたのち、あるきっかけから新宿・歌舞伎町のキャバクラで勤務し、その在籍したお店でNo.1を取りました。

順風満帆だった歌舞伎町のキャバクラ勤務の生活にも別れを告げて名古屋へ移住し、錦《にしき》という愛知県の繁華街にあるキャバクラへ移籍。その後、再度移籍した錦の2店舗目でもNo.1を取って、地上波のテレビにも出演させていただくなど、ここでも順風満帆でした。

その後起業し、ずっと興味のあったシーシャ*専門店を開業。そこから店舗数を増やし、飲食店にもチャレンジしています。昨今では経営以外にも大人気恋愛リアリティーショーへの参加、そして書籍の出版など、活動の幅を広げることができました。

20歳を超えてから今までを振り返ってみると、かなりアグレッシブに、自分の挑戦したいことに対して、貪欲に生きてきた人生だったなと思います。

一人娘でここまで破天荒に自由にやりたいことを貫いても、私を信じて温かく今日まで見守ってくれている母と祖母には感謝しかありません。

そして今まで出会ってきて私の一瞬一瞬を支えてくれたお客さま。キャバクラ時代の黒服さん、キャストの女の子も、本当にありがとうございます。事業を始めてから、人生の貴重な時間を私の店で過ごしてくれている従業員のみんなも、過去にいてくれた従業員のみんなもありがとうございます。

そんな私の人生での出来事や、そこで出会ったたくさんの人たちにいただいた教訓から、なにかひとつでもみなさんにとって「きっかけ」になる言葉があれば良いなと思っています。

さてそろそろ、私がどういう経験とどんな出会いを経てここに至ったのかを、本編にて紹介させていただきますね。

今まで出会ったすべての方に感謝しています。

＊未成年者喫煙禁止法により20歳未満のご来店はお断りさせていただいております

目次

第2章

夜は短し働け乙女

~男慣れしていないNo.1キャバ嬢~

第3章

25歳で起業した私が言えること

第4章

恋愛にテクニックは持ち込まない

第5章

ナチュラルな生活が私を彩る

第1章

弱い自分としっかり向き合う

甘えられない自分を受け入れる

子どもの頃の私は、自分の思っていることをなかなか素直に出せませんでした。もしかしたら、もって生まれた性格なのかもしれません。でも、自分の実感としては、**母子家庭**という環境を心のどこかで気にしていて、わがままを言ってはいけないと思っていたような気がします。

ある日、おばあちゃんと〝とある約束〟をしました。

「明日、悠里の好きな小籠包を食べに行こうか」

「ほんとっ⁉ 約束ね！」

しかし、次の日には天気が崩れて外は大雪。真っ白な景色を見ながら、私はおばあちゃんに思ってもいないことを口にします。

「おばあちゃん、やっぱり今日はショウロンポウ食べたくない」
「なんで？　悠里は小籠包好きでしょ？」
「好きじゃない！」

本当は食べに行きたい。だって、昨日からずっと楽しみにしてたから。本当は小籠包が大好き。こんな寒い日に食べたらきっとすごくおいしい。

だけど……雪の日に外に出るのは、きっとおばあちゃんは大変だろうな。寒いし、なにも今日行かなくてもいいって思っているかもしれない。

そうやって人の気持ちを想像した結果、思っていることと反対の言葉が出てくるようになりました。「相手は本心ではどう思っているんだろう」と先回りして行動してしまう癖は、今でも自分の根本的な性格にしっかりと残っています。

大人になると、自立した女性のイメージは「甘えない」とか「頼らない」など、背伸びしないと届かないものだったりします。だけど、人生では誰にも頼らず生きていくことなんて不可能です。弱っているときには甘えたいものです。

今でも、人がなにを思っているのかを気にしてしまいますが、それでも「自分が今甘えたいと思っているな」というときは、ちゃんと自覚してあげる。**その気持ちをなかったことにしない**、というのを意識するだけで気持ちが楽になると思います。

落ち込んでいるときに素直に甘えられなかったとしても、何日か経ってから「あのとき本当は甘えたかった」と言えれば、もしかしたら次は相手が気づいて声をかけてくれるかもしれません。そうやって、少しずつ自分の身近にいる人に分かってもらえたら、たまには背伸びしなくていいのかもって思えませんか？

誰かに甘えられない人へ、そして自分らしく生きたいと思っている人へ。こんな私の人生だけど……いや、こんな私の人生だからこそ、なにか伝わることがあると信じて、自分の経験や考えたことを言葉にしていきたいと思います。

貞操観念は大切に

母は自由奔放な性格で、私の「やってみたい」という気持ちを全力で肯定してくれる人。一方、おばあちゃんはルールやモラルに厳しく、言ってしまえば昔ながらの考え方をする人です。母が、仕事でほとんど家にいなかったので、私は小学生から中学2年生くらいまで、おばあちゃんに面倒をみてもらっていました。

この対照的な性格の2人が、なんやかんや今でも仲良しなのはちょっと不思議。でも、2人とも私のことを大切に思ってくれる気持ちは昔から変わらないので、そういう共通点があるおかげで仲良しなのかもしれません。

古風なおばあちゃんから躾《しつけ》を受けていた私は、規則正しい生活を送っていました。思い出してみると、中学生になっても夜の8時には布団に入っていたし、勉強をしなければ当然怒られるし、貞操観念もかなり早い段階から叩きこまれていたと思います。

貞操観念について家族と話をする、というのはけっこう珍しいのかもしれません。たとえばテレビを見ているときに性的な犯罪についてのニュースが流れたら「こういう犯罪に巻き込まれる可能性があるから、結婚する人にしか身体を許しちゃいけないよ」と言われたり「男の人っていうのは悠里が思っているよりも危ないんだから」と教えられたりしてきました。

母がスナックで働いていることも、おばあちゃんは快く思っていなかったので、「あんな仕事しょうもない」と私の前で愚痴をこぼすことも。そういう日常を過ごすなかで、私もおばあちゃん寄りの考え方になっていったのは当然だったのかなと思います。

その教えのおかげもあって、私の貞操観念は鋼のように鍛えられました。レストランで男女兼用のトイレに入ったときに、便座が上がっているのを見るだけで「うっ……気持ちわる」となるくらいに（笑）。

学校でも「女として扱われたくない」「女として見られたくない」という気持ちが大きくなって、ネタキャラに全振り。〝とにかく明るい大内〟という役回りに徹するようになりました。こうして、おばあちゃんの教えは1人の硬派な女を生み出すことに繋がったのです。

貞操観念というのは、一度崩れてしまうとそれが当たり前になってしまうので、自分で意識的に守ることが大切です。そして、**自分の身体を守れるのは結局のところ自分だけ**。

よく話題に上るテーマですが、「避妊は男がするべき」なのではなく、「女性も男性も必要ならばするべき」なのだと思います。男性だけに責任を押し付けても、きっと平行線になってしまいます。

自分の愛した人が、自分の身体も含めて大事にしてくれたら嬉しいですよね。痛いほど分かります。だけど、その一歩手前で**「自分のことは自分で大切にする」という基本的な考え方を持っていないと相手のことも大切にできない**のではないでしょうか。

私は、このことを早くから教えてくれたおばあちゃんに感謝しています。刷り込みのように教えられたことですが、この考え方のおかげで異性とのトラブルはほとんどありませんでした。

イジりコミュニケーションはさようなら

ネタキャラとして過ごすうちに、私はいろんな人とそれなりに仲良くなるというスキルを手に入れました。ギャルのような派手な友だちもいるし、オタクっぽい大人しい友だちもいて、休日は、ハイテンションでショッピングをする日もあれば、美術館に足を運んで意見交換をすることも。その高低差に疲れるということもなく、どちらも楽しめる自分はわりと好きでした。

しかし、誰とでも仲良くなれるかわりに〝親友〟と呼べるような関係になることはあまりなく、確固とした自分の居場所はありません。たまに、会話の中で親友というワードが出ると、ちょっとだけ羨ましい気持ちが湧いてきました。

私はかなり根が真面目で、初対面の人や、友だちであっても一定の礼儀を大切にしたいと思っています。それなのに、ネタキャラであるがゆえに初対面の人からも

「こいつはイジってもいいキャラだ」と認知されるようになりました。

私がどんなにフレンドリーに見えたとしても、なんでも言っていいということにはならないよな、と心のなかでは思いつつ軽口をたたいていく日常。


女という存在から1段下がったら大切にされないのだろうか。

ネタキャラは傷つけていい免罪符じゃない。


もちろん、目の前の相手が「そういうつもりで言っているのではない」というのは会話の流れや態度で分かるのですが、それでも自分の気持ちが落ち込んでいるときは、いつもよりもイジりが気になってしまいます。

あのときは、その違和感がどういうものなのかを言葉にできませんでしたが、今は分かります。私は、**人を下に見てイジってくる人間が嫌い**なんです。たったこれだけのことですが、自分のなかで受け止めるのには、けっこう時間がかかりました。

なにかを嫌いという自分は心が狭いんじゃないか。
自分からネタキャラになろうとしたのに大切にされたいなんて勝手なのかも。

そう思っていました。でも、**大切にされることとネタキャラであることに関係ないんてない**。この答えに行きついたとき、自分のなかでもやもやしていた気持ちがスッと薄まっていきました。

きちんと自分の気持ちに正直に生きる。**そして、自分のことを大切にしてくれない人とは距離を置く**。大切なのは、そんな単純なことだったのかもしれません。

普通と違うのは怖い

今でこそ珍しくないと思いますが、私の生まれたところが村社会ということもあり、母子家庭はけっこう目立つ存在でした。運動会では、「なんでお父さん来ないの？」と聞かれて戸惑うことも……。

そして、成長するにつれて、まわりの子も気を遣うようになったのか「お父さん」という言葉が禁止ワードのように扱われます。

「昨日、お父さんがさ〜……」

「シッ!!　悠里ちゃんの前でお父さんの話しちゃダメだよ!!」

——流れる沈黙。

そうやって目の前から話題を奪われてしまうと「私は普通とは違うんだ」という

ことだけが明確になっていきます。きっと、どのくらいの距離感で話したらいいのか分からなかったんだろうなと思うし、子どもながらに配慮してくれたのでしょう。

地域の催しに参加したときも、まわりの大人たちが私と話すときにソワソワしているのを感じて、なかなか積極的に関われませんでした。子どもって、大人が思っているよりも雰囲気を感じとるんですよね。それに、なぜか子どもの頃に言われたことや気にしていたことって大人になっても覚えているものです。

しかし、中学・高校と進学するうちに、まわりにもちらほらと母子家庭の同級生が増えてきました。同じような環境で育った友だちに「母子家庭なんて珍しいものじゃないよ」と言われたことが今でも心に残っています。

ずっと心のどこかで、普通ではないと気にしていました。お父さんがいないから、母は水商売の仕事をしているんだと思っていたし、母が一生懸命働いているんだから、なるべくわがままを言わないようにしようと、欲しいものも素直に伝えられなくなりました。

たとえば、小学生の頃は気軽に「お小遣いちょうだい」と言えていたのに、中学生になると「せめて金銭的な負担にならないように」と考えたり、自立するということを早くから意識していたように思います。


自分で言うのもなんですが、今の私は「明るい」とか「自分らしく生きている」とポジティブなイメージを持たれることが多いと思います。そのせいか、普通ではないことを気にしていないと思われることもあります。


でも、実際の私は根暗な部分もあるし、人に嫌われることを手放しで「全然かまわない！」とも思えない。そこまで、振り切れていない人間です。

頭では気にしても仕方ないとか、全員から好かれるわけがないと分かっていますが、感情が追いつかない。誰だって、嫌われたくはないし誤解もされたくないです。

私だってできれば好かれたいし、はみ出て叩かれるよりはみんなと仲良くやっていきたいです。

SNSで叩かれるのを気にしてエゴサーチをしたり、自分についての悪いコメントがないかを一生懸命探したり……といったことを、しょうもないなと思いながらもついついしてしまうのです。本当は「全然気にしてないよ」って言えたらいいんでしょうけど、**等身大の私**はこんなものです。

感情爆発で得られたもの

中学生の頃、私は思春期真っただ中にいました。母は仕事が忙しい人でしたが、一生懸命に仕事を頑張ってくれていることを理解はしていたし、なにもしてくれないわけではありませんでした。ただ、少しずつではありますが、母が自分にあまりかまってくれないことを不満に感じていたように思います。

今になって言語化してみると、フラストレーションが溜まっていたんだなという理解になりますが、当時は自分が思春期を迎えているという自覚もないし、ストレスがかかっている理由も分かりませんでした。分からないからこそ、必要以上にイライラしてしまったのだと思います。

そして私は、我慢を重ねた結果、感情が抑えられなくなり、まわりにいる人たちが思いもしない行動をとります。当時の私は口下手で、思っていることと反対のことを言ってしまう癖が抜けませんでした。

でも、伝えたい気持ちはある。しかもかなり大量に。少し悩んだあと、家にあったあらゆる紙に暴言を書き連ね、母が過ごす部屋にばら撒きました。

「ふざけんな！」

「だいっきらい」

自分の感情が言葉になって宙に舞う姿を見て、どこか開放的な気分になりました。これは私ができる精いっぱいの抵抗なんだと、肯定する気持ちが働いていたのかもしれません。

母はいつもどおり部屋に戻り、その数秒後。

「きゃーー!! 悠里！ コレどうしたのぉ!?」

という声が聞こえてきました。まるで拡声器で話しているかのような音量で。慌てふためく母に、おばあちゃんが一言。

「仕事ばかりしているからこうなったんだ！ 少しは悠里の気持ちを考えなさ

い！」

それからの母は、私との時間も大切にしてくれるようになって、一緒にごはんを食べに行ったり、学校で起きた他愛のない話をするようになりました。それまでは、生活リズムが正反対だったので、学校で起きたことを母に話すことはなかったのですが、**この出来事をきっかけにギュッと距離感が近くなったと思います**。

話してみると、母の考え方がおばあちゃんとはまったく違うということも分かり、その自由な考えを知れば知るほど「私の母ってこんなに面白い人だったんだ」という新たな気づきも得られました。

大人になった私が、あの頃を思い出して感じるのは、**言葉にして伝えることの大切さ**です。やり方はよくなかったし、日頃からコミュニケーションを取っていれば、あんなに感情が爆発することなんてなかったのに……と思っています。

そういう反省はあるものの、**思っているだけではこんなにも伝わらないものなん**

だという価値ある発見がありました。

女性が「そのくらい察してほしい」と思うことも、男性が「言わなくても分かるでしょ」と感じていることも、意外と伝わっていないのかもしれません。あなたの気持ちを一番分かっているのは、きっとあなたです。どれだけ頑張っても、他人がその気持ちを1％の狂いもなく知ることはできません。

感情の出し方はきれいじゃなくてもいいと思います。自分でも上手に表現できない感情を、丁寧にひとつずつ拾ってくれる人は必ずいます。**どうせ誰も分かってくれない、と殻に閉じこもるくらいなら、その感情爆発させちゃいませんか？**

スポットライトに当たらせて

高校3年生の頃、まわりの友だちは大学に進学する子が多かったのですが、私は大学に進んで勉強したいことも思い浮かびませんでした。高校の学費でさえ母に負担をかけているし、「特に勉強したいわけではないけれど、とりあえず大学に行って適当に就職します」という考えは私のなかにありませんでした。

その後は、手に職をつけるために美容師専門学校へ通い、美容師免許を取得。地元の美容室に就職できて、順調すぎる**美容師デビュー**です！

――しかし、2ヶ月後。そこに私の姿はありませんでした。

サロンワーク自体は楽しかったです。専門学校で学んだことを生かせるし、手に職をつける大切さも分かりました。でも、働いてみてひとつ気づいてしまったことがあるんです。

それは……誰かにスポットライトを当てるのではなく「自分にスポットライトを当てたい」という欲求が、私のなかにあったということ。就職してから気づくなんて……という感じですが、実際に働いてみて初めて自分の気持ちが分かりました。

私は根暗で、ネタキャラ。どうしたってスポットライトを当てられる側じゃない。だから、目立ちたいという欲が自分のなかにあることにも、なかなか気づけなかったのかもしれません。


欲を認識してからの行動はとても早かったです。「スポットライトに当たるためには上京しなければ！」と思い立ち、上京資金を貯めるために、日中はアパレル店で働いて、それが終わると数駅先のキャバクラへ出勤。その後車で40分かけて別のアルバイト先に通い、ひたすら服を畳みつづけるアルバイトをしていました。

このアルバイトが朝方まで入っているので、家に帰っても少し仮眠をとれる程度。起きるとまたアパレル店からのループが始まります。実働で言うと……1日15時間くらいでしょうか。

さらに、1日にかけていい食費を200円に設定していたので、ごはんはおにぎりか芋もちの2択です。さらに飲み物は家でつくった麦茶を水筒に入れて持参するという徹底ぶりでした。

あるときバイト先の先輩が、コンビニで売っているラーメンに白飯を入れて食べていたことがあります。当時の私にとっては、その姿がとてつもなく羨ましくて、「ラーメンのスープに白飯入れるなんて、贅沢な食べ方してるなぁ！　私はおにぎり1個しかないのに!!」と心のなかで思っていました。

こんな生活を3カ月ほど続け、丸々休んだのはたったの1日。それ以外はフルパワーで働き続けました。

少し話は変わりますが、キャバクラで№1だったとか、現在は数店舗のお店を経営しているという肩書きだけで「お金で苦労したことないんだろうね」とか「人生イージーモードだったでしょ」と言われることがあります。

でも、そんなことはありません。お金を稼ぐことがどれだけ大変か、200円で1日を過ごすことがどれほど心を疲弊させるか、私は知っています……。

さて、話を戻しましょう。やっとの思いで上京資金を貯めたはいいのですが、それでも贅沢な生活はできません。

東京へと移り住んでもアルバイトを掛け持ちする生活からは抜け出せないし、お世辞にもきれいとは言えない下北沢のアパートで暮らしはじめます。家賃は6万円。地元だったらけっこういい部屋が借りられる金額ですが、東京ではボロアパートにしか住めません。くっ……くやしい。

だけど、自分の足で一歩踏み出せた感覚は強くあって、すぐに辞めてしまって美容室には申し訳ないと思っていますが、後悔はしていません。美容師になるためにかけたお金や時間を思えば、続けないのはもったいないのかもしれません。手に職をつけられたんだから、それで良かったじゃないかと言う人もいると思います。

他人から見たら「わがまま」に見える行動。でもそれは「我がまま」に自分らしく生きていくということでもあります。

生きていると「なんで好きでもない仕事をしているんだろう」とか、好きでもない友だちと連絡を取っている自分に嫌気がさすことって誰にでもあると思います。不毛な時間だなと思いつつも、なにかを終わらせるのはやっぱり怖いし、それなら今のままでいいやと諦めてしまう気持ちもよく分かります。

だけど「いつか理想の自分になっているだろう」と思っているだけでは、その姿に近づくことはできません。人生は「好きでもないなにか」に時間を割いていられるほど長くはないのです。

私だって、誰かに「わがままだな」と思われたくないし、嫌われるのは怖いです。できれば好かれていたい。

それでも「我がまま」を貫きとおした先に手に入るものがあると私は信じています。

第2章

夜は短し働け乙女

~男慣れしていないNo.1キャバ嬢~

水商売との出会い

少しセンシティブな話になってしまいますが、上京してからアルバイトしていたカフェで、店長から所謂《いわゆる》セクハラを受けていました。私は、けっこう鈍感なところがあって、男性の下心を会話のなかで感じとるのが苦手です。最初は「仲良くなったってことかな?」「距離感の近い人なのかな?」と思っていました。そんなある日、お店のバックヤードでいきなり店長から壁ドン。女性として見られることに嫌悪感があったので、私の頭はパニックに陥りました。店長は私に向かってなにかを言っているけど、全然頭に入ってきません。目の前の状況を理解できない私は、なんとかスルーしてその場を立ち去りました。

しかし、店長の行動はエスカレートしていきます。また別の日、掃き掃除をしている私の後ろに立つ店長から急に抱きつかれ、私は身動きがとれない状態になって

第2章

夜は短し働け乙女
～男慣れしていないNo.1キャバ嬢～

しまいました。

ぎぃやぁぁぁぁ!! 無理無理無理!!

身体の硬直に動悸、冷や汗……。あの瞬間を思い出すと、今でも鳥肌が止まりません。誤解のないように書いておきますが、店長と深い仲になったわけでもないし、その状態を受け入れたこともありません。

こんな所やめてやるとすぐに決断できればよかったのですが、アルバイトを2つ掛け持ちしてやっと生活できる程度しか稼げていないので、ほかのアルバイトを探そうにもその時間がない。だけど、出勤を減らせば生活ができない。

私のささやかな抵抗は、そのお店のシフトを極力減らして、掛け持ちしているもう一方のアルバイトのシフトを増やすということでした。それでもお給料は少し下がってしまい、どうしたものかなと悩んでいました。

「女性であることを消費されず、自分にできることで、すぐに入れてお給料が良い仕事はないのだろうか……」そう考えていたときに思い出したのは、母の姿でした。まだ、東京に引っ越す前、私が18歳の頃に、母の経営するスナックでアルバイト感覚で働かせてもらったことがありました。

田舎のスナックということもあり、来店するのは常連さんばかり。おばあちゃんから「水商売なんかしょうもない」と聞かされていたので、マイナスなイメージしかなかったのですが、そのスナックには〝女性〟を目的に来ている人はひとりもいなかった気がします。

まるで久しぶりに会った友だち同士の会話のように、ただただゆったりとした時間が流れていました。いやらしい会話で引き付けることもなく、悩んでいることや最近あった話で盛り上がっているのを見て、すごく好感が持てました。

お客さまが帰り際にニッコニコの笑顔で「また来るよ！」と手を振る姿を見て、**人を元気にできる仕事なのかもしれない**と思っていました。

第2章

夜は短し働け乙女
～男慣れしていないNo.1キャバ嬢～

私は〝女性〟を売りものにはできない。でも、母と同じように誰かを楽しませることならできるかもしれない。そのモデルを母に教えてもらったからこそ、キャバクラという未知の世界に飛び込む決心がつきました。

人生において、仮定の話をしても仕方ありませんが……もし店長からセクハラを受けていなかったらキャバクラという選択をすることはなかったのかもしれません。でも、なんの後悔もしていません。むしろ、キャバクラで出会った人たちからもらったものが大きすぎて、頭が上がらないくらいです。

最初はキャバクラの派遣に登録して、週に1～2日くらい出勤し、ヘルプとして在籍女性のサポートをするところから始めました。それだけでも、生活に少し余裕が出てきて救われた……というのを覚えています。

昔よりも、広く名前が知られるようになった今、よく聞くフレーズがあります。

「キャバ嬢なんだから、どうせキャラつくってるんでしょ」
「男性が苦手だったらキャバ嬢しないだろ」

そう思われても仕方ないと思います。ですが、ひとつだけ疑問に思っていることをお伝えします。人間ってそんなに同じタイプしか集まらないものでしょうか。みなさんのまわりにいる人は、同じ人間性や魅力を持っている人ばかり？　少なくとも私のまわりは違います。

もちろん、営業とプライベートでガッツリとキャラチェンジしている女性もいるし、お金が稼げればそれでいいという女性もいます。だけど、私は違います。「キャバ嬢」という大きなジャンルでくくってしまったほうが楽だし、世間的な考え方も「キャバ嬢なんて……」という意見のほうが多いのでしょう。でもそれは、キャバクラという世界のすべてではありません。

あなたの世界が、たった一言で表せないのと同じように。

ヘルプの心得

私が最初に働いていたキャバクラでは、派遣の立場で新規のお客さまを接客することはあまりなく、基本的にはお店に在籍している女性がメインでお客さまにつくことがほとんどでした。

ヘルプとは、その名のとおり卓についたお客さまと女性をサポートするのが役割で、お客さまに指名されたキャストがなにかの理由ですぐに席につけない場合に、そのキャストに代わって、そのつなぎとしてお客さんを接待することが多いです。

最初のお店に入ったとき、ありがたいことに№1、№2の女性にとてもよくしていただきました。その理由のひとつに「ヘルプでも頑張っている」というのがあったのではないかと思います。

通常、ヘルプは黒服さんがつく卓を決めるため、キャスト側ではコントロールできません。そんななか「この子面白いから一緒につかせて」とNo.1、No.2の女性がお客様にお願いして私を場内指名してもらい、同じ卓につかせてもらうことがありました。

その女性たちがヘルプに呼んでくれるおかげで、お客さまから「今度、取引先の人を紹介しにくるね」とラッキーチャンスが舞い込むようになりました。しかも、担当していた女性が「この子にシャンパン入れてあげてよ」とお客さんにおねだりして、私の売り上げとして付けてもらったこともあります！　初めてのシャンパンに興奮する私。

そうやって過ごしているうちに「先輩によくしてもらっているんだから私もできるかぎりヘルプでお客さまを楽しませよう」という気持ちが自然と湧いてきました。その女性づてに聞こえてくるのは「ヘルプと過ごしているときも楽しい時間だったってお客さまが褒めてたよ」という嬉しい言葉でした。

このとき、男性に気に入られるのと同じくらい女性に気に入られるのも大切だなと思いました。そして、気に入られるというのは物質的な価値ではないけれど、人との縁が繋がっていく「見えない価値」なんだということも分かりました。

見えない価値をどれだけつくれるか。

それは今でも私が胸に刻んでいることです。

しかし、ヘルプにも特有の悩みがあります。それは、話している間に「○○ちゃんからキミに指名を変えようかな」というもの。ヘルプの女性からすると、ほかの女性のお客さまを奪うことで、指名が増えるかもしれないチャンスです。その代わり、お客さまを奪えばお店のなかがギスギスしてもめごとが起こるのも避けられません。

私は、そういうもめごとが嫌いだし、「よくしてもらった先輩を裏切るなんてできない」と思いました。

絶対に指名を変えられないように、いつもよりもネタキャラ要素を多めに接客。

それを繰りかえしていると、先輩たちからは「お客さまを取らないから安心してヘルプに呼べる」と言ってもらえるようになり、より一層かわいがっていただけるようになりました。

キャバクラは永久指名ではなく、いつでも指名替えができるので、お客さまを奪うことは悪いことではないと考えています。

ですが、結果的には得をしない場合がほとんどです。その瞬間、金銭的に得しているように見えるだけで、実際はそんなことありません。その先にある見えない価値を捨てているので、人との縁も繋がらない。人に紹介されなくなったら、あとは下がっていく一方です。

たとえば、誰か幸せそうな人がいたとします。その人から幸せを奪ったら自分が幸せになれると直感的に感じるかもしれません。そんなふうに考えてしまう人にいいお知らせがあります。

幸せはかぎりあるものではありません。
幸せの総数はかぎられてないので、誰かから奪う必要もありません。

人の生活を見て「羨ましいな」と思うことがあったとしても、妬みに変えるのではなく「私も頑張ろう」という気持ちで進んでいくと、まわりの人との間で良い循環が生まれると思います。

それを教えてくれた先輩の女性たちに、私は今でも感謝しています。

ギャップは脳のバグを起こす

「キミはキャバ嬢っぽくないね」
「化粧薄いし華がないね」

私が、お客さまからよく言われていたことです。良くも悪くも「ぽくない」というのは目立つので、キャバ嬢のなかで浮いていた自覚はありました。**浮いているというのは、裏を返せば個性的**。ですが、当時の私はそこまでポジティブに考えられませんでした。

私よりも経験の浅い女性のほうが、よっぽど華があって魅力的でした。そういう人たちのなかに、私のようなボーイッシュなショートヘアの女性はいないし、今のままでは埋もれていってしまう、という危機感が当時の私にはありました。

その危機感によって、私は迷走することになったのです。

第2章

夜は短し働け乙女
～男慣れしていないNo.1キャバ嬢～

光をバチバチに当てて顔が白飛びするくらいの宣材写真。
明らかに付けなれていないグレーのカラコン。
ショートヘアがバレないように付けたエクステ。

……に、似合わない。似合わなすぎて恥ずかしい。到底、華が手に入ったようには感じられませんでしたが、お客さまが求めている姿はこれなんだと思い込むようになりました。

このときの私は、キャバ嬢としての正解に囚われすぎていました。でも、そのおかげで今の私はまったく違う価値観を手に入れられたのです。

派手な見た目にようやく慣れてきた頃、勤めていたお店がリニューアルの改装工事をすることになり、一時休業になりました。
もちろん、リニューアルを待ってもよかったのですが、私は同僚に誘われるままほかのお店に移ることにしました。

新しいお店で、また一から関係をつくらなければならないのは、正直プレッシャーでもありました。しかし、このアウェーな環境のなかで出会った黒服さんが、私のキャバ嬢生活に一筋の光を当ててくれたのです。

「キミは中身がぶっ飛んでるから、黒髪にしたらギャップが出て売れる」

「まわりに合わせることよりギャップを身につけるほうが大事だから」

そのお店には、ショートヘアの女性も黒髪の女性も見当たりません。浮かないようにせっかく見た目を寄せてきたのに……と思いつつも、黒服さんの自信たっぷりのアドバイスを実践してみようと思ったのです。その結果……入店してすぐに売り上げがトップクラスに！　あの黒服さん、マジですごい。

黒服さんから教えてもらった「ギャップを身につける」というのは、今でも意識

第2章

夜は短し働け乙女
～男慣れしていないNo.1キャバ嬢～

しかし、好きだと感じた表面上の私には、本当の私はほとんど残っていません。言ってしまえば、豪華に飾りつけられただけの張りぼてです。

地味で根暗な自分をさらけ出したら、誰かに「好きだ」と言ってもらえるわけがない。だからこそ、お客さまの好意を真に受けることはありませんでした。自分に対する劣等感を持っていたので、「またまたぁ～、みんなに言ってるんでしょ！」と本気で言っていました。

お手本となった先輩たちの良いところを寄せ集めたバラエティーパック。私はきっとそんなキャバ嬢でした。その張りぼての鎧はどんどん膨れあがり、本当の自分とかけ離れていきました。

ただ、当時のことを思い出しても本当の自分を出せばよかったとは1ミリも思いません。黒服さんからも「お客さまが求める姿を演じなさい」と言われていたし、そのおかげで売り上げにも貢献できたと思っています。少なくとも、あのときの私には必要なスキルだったのは間違いないです。

これは、キャバクラという世界だけで起きることではありません。

学生であれば先生と話すときに態度が変わるように。

好きな人と一緒にいるときの自分が違うように。

私たちはそれぞれの場所で自分を使い分けています。違うのは、本当の自分を出す割合です。本当の自分の9割を殺さないとやっていけない場合もあるでしょう。親友と呼べる人なら、むしろ本当の自分を9割出せるかもしれません。

しかし、この割合すら自覚している人はほとんどいないと思います。キャバクラでは、ほかの業種と比べると、より自分の使い分けが必要になるというだけです。

キャバクラで働いていたと話すと「今のキャラも作ってるんでしょ」と言われることもありますが、少なくとも私は、誰かを騙してやろうと思ってそういった振る舞いをしているわけではないです。みなさんもきっとそうですよね。ただ、適切な場所で適切な振る舞いをしているだけ。

ここまで、私の鎧が出来上がった経緯を説明しましたが、その鎧が強くなればなるほど自己肯定感が下がる、というのが私の実感です。

本当の自分が出せないということは、相手が求める理想の姿に自分自身をチューニングしなければならないということです。

たとえば、学校で本当の自分を出しづらいのであれば、放課後、本当の自分を出せる趣味に思いっきり情熱を注いでみる。

そんな風に、鎧を脱ぐために必要なのは、少しの勇気ときっかけです。

ちょっとだけ〝自分〟を出してみよう。

もう少し〝自分〟という成分を増やしても嫌われないかな。

そうやって克服していくしかないのだろうと思っています。

私の身体は非売品

キャバ嬢をしていると「どうせ枕営業してるんでしょ？」と言われることや、声に出さないまでも、そう思っているんだろうなという雰囲気を感じます。幼少期から性的な目で見られることがすごく嫌だった、という話は第1章でも書きましたが、それはキャバ嬢時代も今も変わらないかもしれません。

だから、枕営業だけでなく色恋営業も私にはできませんでした。ある日、1人のお客さまが来店して、「他店の人気の女の子と枕したんだ」と言いふらしていました。言うだけなら嘘かもしれないと思えますが、卓についた女の子たちに〝情事〟の様子を撮影した動画を見せていてゾッとしました。

お客さまは「下手だったわ」とか「もっとリズミカルに動いてくれないとさぁ……」と笑い話にしていましたが、おそらく私の顔は信じられないくらい引きつっていたと思います。動画に撮られていた女の子は、「これからも来てくれるなら……」と思いながら男性についていったはずです。こんなふうに、誰かに見せられて話のネタにされるなんて思いもしなかったでしょう。

さてここで、いったん私の状況について考えてみましょう。ちょっと生々しいですが、もし仮に私が枕営業をしたらどうなるのか。男性経験がない女がいきなり枕営業なんて、上手にできるわけがありません。手練れの男性に「あいつ信じられないくらい下手くそ」と罵られて終わるでしょう。

どうやったって、勝負になるわけもないです。いや、そもそも武器にするつもりはないんですけどね。私がこの話で伝えたいのは、枕営業をするつもりもないし、する気があってもできないよということです。

そうは言っても、お客さまのなかには色恋や枕営業を求める人が少なくありません。お客さまを取られたくないという気持ちで関係が発展してしまったとか、断りにくい雰囲気に流されてズルズルと……というパターンもあると思います。人の働き方はそれぞれなので、私が口を出すことではないと思っています。

思っています……が、キャバクラについての持論も書いておきます。キャバクラは風俗ではないし、時間の制約がほかの飲食店と違うだけで「飲食店」として経営しています。

私はカフェに行っても、居酒屋に行っても性的なサービスを期待することはありません。みなさんもきっとそうですよね。代金を払って食べ物や飲み物を提供してもらいサービスを受ける。だから、私もそのサービスに見合うなにかをキャバクラのなかで完結させたいと思っていました。

私と過ごす時間は、お客さまに買われるのではなく、対等なサービスで返していく。これは、キャバクラ時代すごく大切にしていたことです。だって、私が初めて見た水商売は、「やれるかやれないか」ではなく「楽しかったよ、また来るね」が合言葉だったから。

そんな私が、どうやってキャバクラで生き抜いてきたのか、例をいくつか紹介します。

お客さまからボディタッチされたら「はい、追加料金〜!! ボーイさんちょっときてくださ〜い」と、黒服さんを巻き込んで会話をします。ポイントは、自分だけでなんとかしないこと。このトラブルを知っている人がほかにもいるという状況を、できるかぎり作っておくことが大切です。

もっと露骨なお客さまだと「今日、いくら使ったらやれる?」と剛速球ストレートを投げてきます。そういう人には「1回にいくら使うかじゃなくて、何回来てくれるかのほうが大切でしょ。だから、また来てもらえるように楽しませるわ」と返す。この時点で、色恋や枕営業を求めているお客さまは勝手に離れていきます。

どんな剛速球ストレートでも、当たらなければ痛くありません。きっちり避けて自分の身を守ることに徹します。

その結果、黒服さんを含めた3人でアフターに行くようになったり、友だちのような関係をお客さまと築けるようになりました。必死に性的な魅力以外の付加価値を考え、自分にできる接客が固まるまでにはかなり時間がかかりました。

1週間で稼ぎたいと考えている人には、なかなかマッチしない働き方だとは思います。瞬間的な稼ぎだと、きっと色恋や枕営業のほうが儲かるでしょう。だけど、それなりに腰を据えて頑張ろうと思っているなら、長く続く関係を大切にしたほうがいいです。

お客さまにとって、身体の関係を持った女の子を、会社の知り合いに紹介することはなかなか難しいかもしれませんが、友だちという関係なら素直に紹介できるでしょう。だから、私にとって色恋や枕営業は、これから先の関係が広がらない接客スタイルなのかなと思っています。

お客さまが、「この子面白いから」と言ってほかの人を紹介してくれる。そういう縁の繋がりは瞬間的な稼ぎよりも、よほど価値があります。今、私が会社を経営できているのも、お客さまが「独立できるよ」という言葉をかけてくれたり、ノウハウを雑談のなかで話してくれたからです。

自分の身体を大切にして、心と心で人との繋がりをつくっていく。そうすると、自然と周囲にいる人は、自分のことを大切にしてくれる人ばかりになるはずです。

そして、まず自分自身を大事にできなければ、まわりのことも大事にできないのだと思っています。

数字を追いかけて

私が本腰を入れて在籍で働き始めたキャバクラでは、春夏秋冬の各シーズンでお店の看板をかけたレースと、経営しているグループ全体のレースがありました。年に4回もレースがあるのは珍しかったですが、その分モチベーションが上がる仕組みだったと思います。

しかし、数字を気にするようになってから、私は自分の営業スタイルが揺れ動くようになりました。なぜ私が数字にこだわるようになったのかというと、派遣で働いていたキャバクラとは違い、入店当時から先輩の圧を感じていたからです。

更衣室に入れば、私に向けた悪口が聞こえる。

肩が思いっきりぶつかっても謝ることなく行ってしまう。

お店の掲示板やSNSには、私に対するヘイトが高まっていく。

正直、悲しかったです。でも、それと同時に「絶対に看板を飾ってやる！」という強い気持ちが湧いてきたのも事実です。

そして、売り上げを重視するあまり、お客さまに「今月の売り上げが足りないからもう少しシャンパンを入れてほしい」とお願いしたり、今まで営業をかけることはしなかったのに、積極的に連絡をするようになりました。

先ほど書いたとおり、お客さまと一線を越えることはありませんでしたが、同伴やアフターも時間が許すかぎり詰め込みました。

本当は笑って帰ってくれるだけでいいのに、数字を求め始めるとお客さまに無理をさせてしまう。相反する感情がぶつかりあって私の精神はボロボロでした。

そのストレスから、お客さまと行ったアフターのバーでお客さまを泣かせてしまうほどブチギレたこともあります。今はただの八つ当たりだと分かるのですが、当時はそんなふうには思えませんでした。……あのときのお客さまには本当に申し訳ないと思っています。

ほかにも、お客さまを見送ったあと、ストレスが限界に達してお店のガラスを蹴り、見事に割ってしまうということもありました。働きすぎてキャパオーバーになり、黒服さんに「もうぅぅぅ……無理だよぉぉ」とわんわん泣いたこともあります。

売り上げは順調に伸びていき、お店の看板にもなれました。確かに嬉しかったです。でも、成果と引き換えに心身はすり減っていき、心からは喜べませんでした。

売り上げを立てると、まわりからの評価もあがり嫌がらせも少しマシになりました。ムカついたからといってその場でケンカするわけでもなく、ただ粛々と仕事をして黙らせる。これが、私のやり方です。

この性格のおかげで、経営者になった今も反骨精神を忘れずに突き進んでいけるのだと思います。

そんな私が数字を追い求める思考から抜け出せたのは……好きな人ができたからです!! 「なに言ってんの？」と思われるかもしれませんが、めっちゃくちゃ顔がタイプの男性を追って愛知に移り住むことに決めました。「ここまで一生懸命働き方についての考えを語ってきたのに、イケメンを追っかけるんかい！」という声が聞こえてきそうですね。

でも私は本気だったし、追いかけたいと思ったときに追いかけたい。それが一番後悔しないって、いろんなお客さまから教えてもらったから。追っかけてはみたものの、うまくいかずに即破局しましたが、東京のキャバクラに未練はありませんでした。

売上トップ貯金ゼロ

愛知に移り住んだ話をする前に、貯金についても触れておきます。キャバクラは単価が高いからさぞ儲かるだろうと思いますよね。はい、儲かります。これは本当です。

しかし、そのぶん納税額はパンパンに膨らむし、お客さまの誕生日にはプレゼントを用意、お客さまと対等でいたいがために私がごはん代を出すことも余裕でありました。さらに、新しいドレス、アクセサリー、髪や肌のメンテナンスなど出ていくお金が多すぎる！　私がしたかっただけなので、後悔しているわけではありませんが……。

驚くことに、愛知に行く前に貯金はいくらあったかと聞かれると「ほぼゼロですね」という答えになります。お客さまと金額以上の縁や関係をつくれた、と納得し

第2章

夜は短し働け乙女
〜男慣れしていないNo.1キャバ嬢〜

ていても預金残高を見ると「私はなんのために時間を使っているんだろう」と考えてしまうこともありました。

当時は気づかなかったのですが、今になって思うのは「経済の仕組みに取り込まれていたんだな」ということです。

まわりの先輩たちや黒服さんから「髪をきれいに保ちなさい」とか「高級なドレスを用意しなさい」と言われていたので、自分の見た目に先行投資を始めます。するとそれを見たまわりの女の子も触発されて磨きをかけるようになります。そういう循環が生まれてしまえば、お店としては安泰なんですよね。美容代は日を追うごとにかさむようになり、普通の昼職では到底維持できない金額をかけるようになります。

だから、お店を長く続けてくれる。いわば、お店の戦略ということです。

私がこの仕組みに気がついたのは、キャバクラをやめてからでした。キャバクラは儲かるのに、会社経営に乗り出す女の子は意外に少ない。その理由のひとつが、稼いだお金がキャバクラで働き続けるための維持費として消化されているからだと思いました。

愛知に移るときは「予定納税が払えないかもしれない」と頭を抱え、冷や汗が止まりませんでした。たくさん稼いだのだから仕方ないのですが……とりあえず私の場合は貯金がまったくできませんでした。

働き方改革

「歌舞伎町にいたんでしょ？　なんか悪いことしたの？」
「東京で売れなくなったんでしょ？」

名古屋のキャバクラで働き始めた頃、お客さまからよく言われたことです。東京から地方に行くというのは、そんなふうに見られるのか……と驚きました。外から来たよそ者という印象が強かったんでしょうね。

しかし、名古屋の人たちは一度でも信頼すると、すごく大切にしてくれる人ばかりでした。一緒に働く女の子たちもお客さまも、お互いに励ましあって和気あいあいとした時間をつくっていました。

東京では、かぎられたお客さまを獲得するために女の子同士がバチバチと火花を散らし、積極的にアピールできなければ売り上げが取れません。でも、名古屋では東京ほど女の子がガツガツしていないので、そのままの自分でのびのびと仕事ができるようになりました。

同伴もなし、アフターもなし、お客さまとの連絡も積極的に取らなくていい。東京では週6出勤がマストだと思っていましたが、「もっと自分の好きなように働いていいんだな」と考えられるようにもなりました。

名古屋に移り、お客さまが来たいと思ったときにふらっと来て楽しんで帰ってもらうという、私が目指していた接客ができるようになったのは、まわりの環境のおかげです。

自分らしく仕事をする。これは、今でも大事にしている価値観です。

実は、東京では1ヶ月の売り上げが1000万円を超えることがなかったのに、名古屋ではバースデーイベントで1800万円を売り上げることもありました。

数字を追うよりも、自分らしく仕事をしているほうが楽しい。さらに売り上げもきちんと取れる。それに加えて貯金もできる！　いいことしかありません。

第2章

夜は短し働け乙女
～男慣れしていないNo.1キャバ嬢～

働き方について考えるうちに、「起業」というワードが浮かんできました。お客さまのなかに経営をしている人が多かったのも理由のひとつかもしれません。

以前から興味のあったシーシャのお店を出したいと思い立ちました。これは私の良いところでもあり悪いところでもありますが、思い立ったらすぐに行動したい気質なので、5月のバースデーイベントで稼いだお金の650万円を使って、さっそく起業することに。

それを元手に、9月には物件を見つけ、わき目もふらずお店を出しました。その仕事が今でも続けられているので、意外となんとかなるものだなと思っています。

自分の働き方を客観的に見直すのは、けっこう難しいことだと思います。私も起業したときは、ものすごく怖かったし、とにかく不安でした。失敗したら生活できなくなるかもしれないし、やりはじめてから「思ってたのと違うな」と感じるかもしれないからです。

でも、私は進みました。「成功してやるぞ」と思うのと同時に、「失敗したら失敗したでそのとき考えればいいや」くらいの気持ちだったと思います。

考えても消えることのない不安なら、それは考えても仕方ありません。自分が行動することでしか、今の選択が正しいのかを見極める方法はないんですよね。

そして、私は今「あのとき起業してよかった」と思っています。

起業に踏み切った過去の私を褒めてあげたいです。

黒服さんとお客さまからいただいた金言

キャバクラの黒服さんや、お客さまから言われたことには、ハッとさせられる部分が多く本当に勉強になりました。当時は分からなかったことが今になって突然腑に落ちることってありますよね。

自分の生活や仕事にも生きている言葉なので、ここでいくつか紹介したいと思います。

自分と合わない人は手放す

キャバ嬢時代に、お金を使ってくれるけど自分とは合わないお客さまがいました。それを察した黒服さんからかけてもらった一言です。

「人間のキャパシティーは決まっているから、その人を手放したらちゃんと同じくらい金額を使ってくれる人がやってくるよ。だから、怖がらずに手放していいんだよ」

半信半疑でしたが、実際にお客さまを手放してみると本当に新しい出会いがやってきました。しかも、黒服さんの言うとおり同じくらいの金額を使ってくれるお客さまです。

そんなの偶然だよと思うかもしれません。でも、きっと分かる人もいるはず。これは手放したことがある人にしか分からない感覚なのかもしれません。

ナンバーワンと店の看板の違いは？

カリスマ的な黒服さんに、ある日「ナンバーワンと店の看板になる女の子の違いってなんだと思う？」と聞かれました。教えてくださいと言うと、黒服さんが次のように説明してくれました。

「数字だけのナンバーワンは誰にでも取れる。だけどお客さまや一緒に働く女の子、黒服から大切にされないと看板にはなれない」

簡単に言ってしまえば「情けは人の為ならず」ということですが、自分の働いている場所を例に出されると、スッと頭に入ってきますよね。

「たとえば、お客さまをつけた黒服が『つけてくれてありがとう』と言われたらもっとつけてあげたくなるでしょ。女の子に好かれたら、ヘルプについたときもいい接客をしてくれる。それって、全員にとって良い循環だと思わない？」

誰かになにかをしてもらうことを考えるのではなく、自分が相手になにをできるのかをベースに考えるだけで、上手くいくことは増えると思います。

人生は振り子と一緒

とあるお客さまと話しているときに、ポツリと言われたことです。

「良いことと悪いことは同じだけ起きるから、一喜一憂しなくていい」

確かに、アルバイト先で店長に言い寄られなかったらキャバクラで働いていなかったかもしれません。男の人を追って愛知に行っていなければ、自分の働き方も見直せなかったと思います。

そんななかで自分ができるのは、**どんな選択をしても後悔しないようにベストを尽くす**ということです。なにか悪いことが起きても、結果的に「良かった」に変える思考を日頃から身につけておきたいです。

第2章

夜は短し働け乙女
～男慣れしていないNo.1キャバ嬢～

失敗を失敗のままにしない

週6でキャバクラに出勤していたので、お客さまを呼べない日もありました。俗に言う「お茶を引く」ということです。黒服さんに「お客さまを呼べなくてすみません」と言ったときに、かけていただいた言葉を紹介します。

「どんなに有名なキャバ嬢でもお客さんが来ない日はある。でも、今日誰かのヘルプや新規のフリー客について、1ヶ月後自分の指名に繋がったら少なくとも収穫ゼロにはならないよね。それに、明日4組呼べたら平均2組だよ。前向きに考えていこうよ」

今なにも手に入れられてないような気がしても、今の頑張りが未来に繋がることはあります。それが、実るか実らないかはまだ分からないので、目の前の仕事に一生懸命取り組むことしかできないんだなと思います。

失敗したときには落ち込んでしまうこともありますが、少し見方を変えるだけでこんなにポジティブになれるのかと驚きました。今でも、この考え方には助けられています。

第3章

25歳で起業した私が言えること

アングラな世界を照らしたい

起業後、記念すべき1店舗目は、名古屋に出店したシーシャ専門店です。私とシーシャの出会いは23歳のとき。仲のいい人に連れていってもらったのがきっかけでした。ただ、最初はシーシャそのものではなく、他人との会話がなくても気にならない空間だったから惹かれたんだと思います。私は人見知りなところがあって、会話がプツリと途切れてしまうとソワソワしてしまうので、会話の隙間を埋めるように吸えるシーシャは、会話ができない罪悪感を薄めてくれました。

きっかけは会話を埋めるためでしたが、だんだんと1人で通う時間も増え、気づいたら趣味になっていました。シーシャを嗜《たしな》みながら感情を整えたり、仕事について考えたりする時間へと変化して、私の生活の一部になりました。

今になって考えてみると、意識しなくても深呼吸のリズムがつくられることと、自分の好きなフレーバーを楽しむことができるリラックス効果があることが、シーシャを生活に取り入れるようになった理由のひとつだと思います。

私は、子どもの頃から物事を長く続けられないことが悩みでした。なにをやっても飽きてしまう。高校時代の部活も、その後のバイトも転々としていたので、起業するときには「絶対に自分の好きなことじゃないと失敗する」と思っていました。

だからこそ、唯一の趣味と言ってもいいシーシャ店を出すことにこだわりました。しかし、ほかのシーシャ店と同じような雰囲気で出しても面白くない。なにか差別化できないかと考えたときに浮かんだのが、シーシャ店の印象でした。

私がシーシャに通いはじめたころ、シーシャ店にはアングラなイメージがついていました。実際に、接客態度は良いとは言えなかったし、清掃が行き届いていなかったので、そう思われても仕方ないという印象でした。

大好きなシーシャを、もっといいイメージにして伝えたい。それが、私のモチベーションになりました。

起業することについて当然怖いと思う部分もありました。しかし、キャバクラに来てくれるお客さまのなかには、会社を経営している人も多かったので、「やってみたらできるよ」と背中を押してもらいました。一方で、「経営なんてリスキーなことやめときなよ」と言われることもあり、悩んでいた時期もあります。

しかしたいていの場合、やったことのある人は応援してくれるけど、やったことのない人は反対するんです。自分の経験の外にあることは分からないから怖い。だから、違う世界に行こうとする人を引き留めるんだと思います。

それが悪いことだとは思いませんが、当時の私にとっては背中を押してくれる存在がありがたいと感じていました。だから、私もまわりの人がなにか新しいことにチャレンジしようとしていたら、応援できる人間でありたいと思います。

従業員にも、「人間関係が合わなかったり仕事の内容が思っていたものと違うなら、自分に合うところを探してもいいんだよ」と声をかけています。**それぞれの性格や得意なことも違うので、無理してつらい環境で働くことなんてない**。探せばきっと思っていた職場や仕事にたどり着けると思うので、従業員に「合わないのでやめます」と言われてもポジティブに送りだせます。

経営者になって気づいたこと

立場が変わると、見え方も変わるものだなと実感している最中ではありますが、会社を経営する前には分からなかったことを紹介します。まだまだ勉強中なので、気づいていない部分も多いと思いますが、現時点での私の気づきです。

税務処理の多さは予想以上

キャバクラ時代から税理士さんが面倒をみてくれていたので、多少の知識はあったのですが、予想をはるかに超えてくる多さでした。税に関しては、新しく変更することがあるので、前年と同じように処理してはいけないということもあります。なので、一度基本的なことを覚えても、毎年学び直す部分が出てきます。

みなさんお察しかもしれませんが、私は数字に強いわけでもなく勉強ができるわけでもありません。複雑な税務処理を発狂しながら整理している様子を見せたいくらいです。

説明すれば分かる……わけではない

キャバクラで働いているときは、1人のプレイヤーとして接客スキルを上げていくのが当たり前でした。黒服さんがいたこともあって、私からほかの女の子になにかを教えるという習慣がありませんでした。

だから、誰かを雇って仕事内容を教えるのは意外に難しいんだなと実感しています。接客業をしていたからといって、上手に教えられるかというと違う。

もう少し踏み込んだ話をすると、同じように教えても同じように成長するとはかぎらないということ。人それぞれ苦手な分野があるのは分かっていましたが、どれだけ言葉を尽くしてもできるようにならない人もいるという悲しい事実と向き合う機会がありました。

それまでは、「説明すれば伝わるはずだ」とか「自分の伝え方がよくないんだ」と思っていたのですが、そんなことはないのかもしれません。

念のため説明しておきますが、私はできない子を否定しているわけではありません。私も仕事が変われば人よりもできないことがたくさんあります。それは全員そうだと思います。だからこそ、**自分に合うところで働くのは大事だな**と思うようになりました。

経営者の数だけ正解がある

私は、シーシャの世界に光を当てて業界全体を盛り上げたい！　と思っていますが、当然同じような考え方ではない人もいます。今ある総数を取りあって自分だけが儲かればいいという考えを持っている人が思っていたよりも多くて、驚いたというのが正直な感想です。

他店の評判を落とすためなら手段を選ばない人もいるので、気を引き締めていかなければなりません。キャバクラでそういう人たちをたくさん見てきたので、会社規模になっても同じことが続いていくんだなという気持ちです。

全然違う仕事なのに、同じ悩みを持つことになるのって面白いですよね。きっとそれくらい当たり前の光景なんでしょうが、自分の心だけはきっちり守って進んでいきたいと思います。

接客のモラル

接客業をしていると、お客さまに愛されることがいかに大切か痛感します。従業員も一生懸命仕事をしてくれていますが、お客さまと仲良くなるという意味を取り違えてしまい、トラブルが起きることも少なくありません。

ここでは実際に起こった問題を取り上げてみます。

お連れの方がいる場合

常連のお客さまが来店したときに、いつもとは違う人を連れてくることもあります。たとえば、男性のお客さまが連れてきた女性がいつもとは違うとか、女性のお客さまが彼氏ではない男性を連れて来ているとか。

そのときに、「いつもかわいい人を連れてますね」「今日はお連れの方が違うんですね」と声をかけてしまう場合があります。常連さんとお連れになった人がどのような関係性かも分からないし、分かったとしても言わなくていいと思っています。

本当に店員と仲が良いのであれば、話したいと思ったことは、お客さまから話しかけてきてくれるでしょう。仲が良いと思っているのは自分だけという、恥ずかしい状態にならないようにしたいですね。

この問題の難しいところは従業員が「良かれと思って」声をかけていることです。お客さまと仲良くなったから、いつもと違う部分にも気づきたいと思うのはすごく良いことだと思います。一般的にも髪型を変えたことに気がついたり、メイクの変化に気づくのは「気を遣える」と思われます。

でも、変化に気づいて指摘することが、お客さまを不快にしていないかは注意が必要です。自分がお客さまのプライベートに入りすぎていないか、きちんと距離感を守れているのかを忘れてはいけません。

お客さまにとって居心地のいい環境を提供するのが接客業だからです。

声をかけられたくないお客さまもいる

この本を読んでくださってるみなさんのなかにもいるかもしれませんが、従業員から声をかけられたくないお客さまはけっこう多いです。アパレル店に行って、服を選んでいるときに「なにかお探しですか?」と聞かれると、居心地が悪くなるシーンと同じです。

店員さんにとってはそれがお仕事なのは理解していますが、不機嫌になるお客さまもいます。

もちろん「いつもありがとうございます」と声をかけられると嬉しい人もいますが、接客をするうえでいろんな人がいるというのは忘れてほしくありません。

いつでも、「相手が喜んでくれるといいな」というマインドであってほしい。間違っても「喜ぶに違いない」と親切を押し付けないようにしたいです。

ましてや、シーシャ専門店にいらっしゃるお客さまは、リラックスを求めている場合が多いので、居心地が悪いと思わせてしまったらおそらくもう来店しないでしょう。

自分たちがなにを売っていて、お客さまがなにを求めているのかを敏感に察知できるかが接客の基本であり真髄です。

従業員も同じくらい大切に

お客さまを優先するあまり、閉店時間を過ぎても残って接客していると、従業員から報告を受けたことがあります。これも「良かれと思って」がベースにある考え方なので、あまり悪くは言いたくないですが、お客さまやまわりの従業員のためを思うなら、時間は守ってほしいです。

たとえば、新人の従業員が入ったときに、閉店時間を過ぎても作業している先輩を見たらどう思うでしょうか？　たいていの場合、「このお店は閉店時間を過ぎても従業員を働かせる店なんだ」「自分もやらなければ」と思うでしょう。それは、お店やほかの従業員のためになっているとは言えません。

お客さまと同じように従業員のことも大切にできる。これは一緒に働く仲間に最低限持っておいてほしい価値観です。

延長は喜ばれないこともある

お客さまが複数人で来店した場合は、予約した時間のあとが空いていたとしても、こちらから延長を提案するのはNG。誰かと一緒にいるからといってお客さま同士が仲良しとはかぎらないからです。接待場所として利用されることもあるし、ビジネスではなかったとしても苦手な人と来店する場合もあります。

これは私の実体験なのですが、苦手な人と出かけるときには終わりの時間に病院や美容室などの外せない予定を入れていました。もしかしたら、苦手な人と一緒にいるのかもしれないという意識も大切だと思います。

無理なお願いは聞かない

お客さまから、本来のサービスにはないことを要求されたときに、なんでも引き受けていたら自分の首を絞めることになります。1人の従業員が「今日は少しだけ延長できますよ」とサービスすると、また次回来店したときにもそのサービスを期待されてしまいます。

ほかの従業員は時間を守って働いているのに、お客さまから「こないだは延長してくれたよ」「キミはサービス悪いんだね」と言われることがあります。ルールを守ってくれている従業員が「仕事ができない」と思われるのは、あまりにもかわいそうです。

いつも同じサービスを提供できるように努めるのも、接客業だけでなくさまざまな業種で大切にされていることです。お客さまに居心地の良い空間を提供するのと、無理なお願いを聞いて満足させるのはまったく別の話です。

お客さまにとって良いことが、お店にとって良いこととはかぎらない。
お店にとって良いことが、お客さまにとって良いこととはかぎらない。

そして、接客業には正解と呼べるものはありません。私がここで紹介したことも、今の私が感じていることであって、5年後の私はまた考えが変わっているかもしれません。

でも、それでいいんだと思います。日々なにかを考え、自分なりの答えを確立させていければ、もっと高みへとのぼれるはずです。

従業員を育てるために

私は複数の店舗を経営しているので、お店に顔を出せるタイミングがかぎられています。そんななかで、接客をしてくれているのが従業員であり、その従業員を育ててくれているのが管理職の人たちです。

私は、お店でトラブルがあれば聞き取りに行く立場なので、そのときに気をつけていることがいくつかあります。

事実確認を怠らない

基本的に、管理職の人も従業員のことも信頼しています。だからこそ、**どちらの言い分もフラットな状態で聞き取りたい**。経営を始めてから、目線が変わったという話をしましたが、これは従業員の間でも起こることです。ひとつの事象に対して、見る人が違えば感じ方も違います。なので、管理職が言っていることだから正しい、という考えは捨てています。

まずは、どのような思いから発生したトラブルなのかを本人から説明してもらいます。聞いてみると意外に管理職が把握していないことがあったり、トラブルになってしまったけど、その行動は「お客さまのために」という気持ちから生まれた行動だったりします。

指導した人を同席させる

管理職の人は、私が聞き取りをする前に従業員を指導している場合がほとんどですが、どんなに忙しくても聞き取りには同席してもらいます。これを徹底している理由は、お互いに話している内容の矛盾点をすぐに解決するためです。もちろん、内密に話したい事情があれば1対1で話すこともありますが、単純な仕事上のミスについては、指導した人を同席させることで問題をスムーズに解決できると考えています。

言いたいことを言える。不満をその場で解消できる。これを意識するだけでも、従業員の働く意識はグッと高くなると実感しています。

本人に考える余地を残す

自分の行いを間違っていると指摘されるのは、誰しも気持ちのいいものではありません。それが分かっているからこそ、正解を教えるのではなく**相手に考えさせるための時間**にしています。

たとえば、「今回は管理職からどんな内容を指摘されたのか教えて」と確認するところから始まり、「今回はどこが良くなかったと思う？」と聞いて相手から説明してもらいます。

相手が話しながら考えて納得できるのが一番大切だと思っているので、考えを深められるように「自分が同じことをされたらどんな気持ちになる？」と聞いて当事者意識を持ってもらう。自分に置き換えた瞬間に理解が深まったりするので、最初は「私は悪くない」と思っていても、スッと受け入れられるようになります。

終わったらサッパリと切り替える

従業員には気持ちよく働いてもらいたいので、**終わった話を蒸し返さない**というのは心がけています。今回の聞き取りは今回で終わり。もし、この次に同じような失敗をしたとしても、それは今回の件とはなるべく分けて話し合います。

以前に指摘したことを引きずって「またトラブルを起こしたのか」という意識で聞いてしまうと、従業員のモチベーションも下がってしまいます。いかにモチベーションを保ったまま話し合いを終わらせるのかが大事です。

最後には「じゃあ切り替えていこうね！　いつもお店のために頑張ってくれてありがとう」と感謝を伝えて、お互いに気持ちよく終わる。この心がけはこれからも大切にしていきたいと思っています。

ひとつのトラブルに対してどれだけ真摯に向き合えるか。
そして従業員とどれだけ誠実に向き合えるか。

誰かに仕事を任せる以上は、どうしてもトラブルは生まれてしまうものです。そして、自分がいないところでなにかが起こったとしても、責任は私にあります。
なので、今ここで書いていることは従業員のためとは言いつつも、まわりまわって自分のために従業員と向き合っているということなのかもしれません。

他人の人生を背負う

経営を始めて最もつらかった時期は、コロナ禍でした。当時のことを正直に書きますが、3ヶ月自分の給料を売り上げから確保できず、さらに従業員の給料も賄《まかな》えなかったので、自分の貯金を切り崩しながら従業員に給料を出していました。

コロナ禍では短縮営業ということもあり、売り上げを確保するために自分にできることはほとんどありませんでした。

そんなとき、会社の顧問とこんな会話をしたのを覚えています。

「どうせ暇なんだから、一緒にゲーミングPC買ってオンラインで遊ばない？」

「いくらくらいするんですかね？」

顧問から「これにしなよ」と勧められたPCは、当時の私にとって簡単に払える金額ではありませんでした。だけど、お金がないとはかっこ悪くて言えない。まだ、この頃はプライドというかお金に対する執着が大きかったのかもしれないですね。

これからも人件費を負担しないといけない。
この先の家賃は払えるだろうか。
いつまでこの負担と闘わないといけない？

不安に押しつぶされた私は、人目もはばからず家電量販店で大泣きしました。顧問は泣いている私を見て驚いていましたが、私は不安に思っていることをすべて吐き出し、少し落ち着きを取り戻すことができました。

これが、今までの人生で一番つらかったことです。自分ひとりだったらなんとかなった。でも、他人の人生を背負っているからこそ、倒れるわけにはいかないという恐怖が膨らんでいたんだと思います。

他人の人生を背負うというのはこんなにも重いのか、という実感はかけがえのない経験になりました。結婚も、子どもを育てるということも、誰かの人生を背負うことと繋がっています。

私の人生を背負ってくれた母とおばあちゃんに、心から感謝しています。そして、誰かの生活を支えているすべての人を尊敬しています。本当に、みんな偉いです。


そして、この話には後日談があります。

家電量販店で号泣した数日後、顧問からゲーミングPCが届きました。

……あったかくて泣きました。

従業員は友だちじゃない

経営者になって大きく変わった価値観は、従業員との関わり方です。最初は、友だちのようになんでも話せて、困ったら助け合える関係を目指していました。だから、従業員の誕生日にはプレゼントを贈ったり、一緒に出かけたりというのも積極的にしていました。

しかし、ここ数年でその価値観は良くないなと感じるようになりました。従業員が「本当は店をやめたい」と思っていても、良くしてもらったから……という理由でやめられないことがある。プレゼントを贈るのは、瞬間的には幸せかもしれないけど、やめるときには足かせになるんだと思いました。

私としては、やめられない理由にしようと思って渡しているわけではありませんでしたが、相手がそう思ってしまうなら問題です。

プレゼントを贈るという仲の良さではなくて、**仕事を信頼して任せられる**ということを意識したほうがいいんだなと最近になって気づきました。では、どうやって信頼を形にするのか。生々しい話ですが、それが**お給料**です。**頑張ってくれたことをお金で評価するのが、働いてくれる人への誠意**なんだと思います。

思い返せばキャバクラ時代もそうでした。もちろんプレゼントを贈ってくれるお客さまもいましたが、対価としてお金を払っていただくのが大前提です。どれだけのパフォーマンスをできたかで、支払われる金額が変わる。そういう世界でした。

さらにもうひとつ、この価値観を強化する出来事がありました。少し話が大きくなってしまうので詳細は避けますが、自分が仲良くしている従業員の夢を叶えるために多額のお金を使い、それまで築いた人脈も活用して支援したことがあります。

しかし、のちにトラブルへと発展。このときに思ったのは、「ほかの従業員から同じようなことを頼まれたときに、私は支援するつもりなのか？」ということでした。**みんなにできないことを特定の誰かにするのは不満を生む原因になります。**

自分は特定の従業員のために経営をしているわけじゃないし、ボランティアで仕事をしているわけでもありません。先ほども書いたように、たくさんの従業員の人生、そしてその家族を背負っているのです。

特別扱いするならプライベートでしたほうがいい。

仕事と仲の良さは切り分けて考えないと、大きなトラブルに発展する。

そんな思いから、従業員との距離感を適切に保つことを心がけるようになりました。少しドライに見える考え方かもしれませんが、ほかの従業員を守るためにも大切なことだと思っています。

このように、従業員や仕事への愛は以前とは形を変えました。だからといって冷めたわけではなく、大切にするためのアプローチが変化したということです。

愛を伝える方法はひとつではない。本当に大切にしたいものが見つかったという意味では、この苦い経験も自分のためになったと思います。

愛される会社へ

みなさんはシーシャにどのようなイメージを持っていますか？

私が起業したときには、薄暗い店内でちょっと強面のお兄さんたちが集まっている印象が強かったなと思います。シーシャに対するこのイメージを払拭し、より洗練された場所として楽しんでもらいたい。それが、起業した大きな理由の1つです。

しかし、それだけでは愛される会社にはならないと思っています。主義などは必要ですが、お客さまには違う価値を与えられなければ、廃れていってしまいます。

特にシーシャは生活に必要なものではなく、趣味や娯楽のカテゴリーになるので、より強い動機がなければいけない。これは、絶対に避けては通れない課題でした。

私が経営しているシーシャ専門店は、同じグループでも店舗ごとに違った雰囲気を味わえるように、あえて内装を統一していません。

どこにいっても同じクオリティーのサービスを提供する。だけど、そこでしか感じられない雰囲気がある。シーシャだけでなく場所を気に入ってもらえるように、心を尽くしています。

同じクオリティーのサービスというのは、接客指導だけの話ではありません。たとえば、お客さまに対して至らない部分があれば、それをすべての店舗に共有できる仕組みがあります。

そして、どのように対処すればより良いサービスになるのかを、ほかの店舗にいる従業員に相談できるようにもなっています。分からないことは1人で考えずに、みんなで共有する。みんなの頭を使ったほうが効率的に物事を考えられるし、他人事にしない意識も高まります。この仕組みのおかげで、グループ全体を愛してくれるお客さまに恵まれるようになりました。

近年問題になりがちなSNSなどの発信やネットリテラシーについても、研修などを徹底して教育しています。

当たり前のことを当たり前にする。
今は、その当たり前を浸透させることが先決だと思っています。

私自身がお店に行って「接客がいいな」と思うのは、特別なことをされたからではありません。たとえば、寒いときにブランケットを用意してくれたり、困っているときに充電器を貸してくれたり、お酒を飲んでいるときになにも言っていないけどお水が出てきたり。そういったささいなことの積み重ねです。

反対に、面倒くさそうにオーダーを受けたり、あからさまに「忙しいから声をかけないで」というオーラが出ていることもありますよね。店員さん同士で仕事以外の話をしているのも個人的には気になってしまいます。

私たちが日々生活をしていて、いいなと思える瞬間は〝当たり前〟のなかに隠れている。お客さまだって特別扱いをしてほしいわけではないと思います。

接客している私も、どこかに行けばお客さんです。だからこそ、その気持ちには敏感でありたい。お客さまの気持ちも、接客する従業員の気持ちも見逃さないように、これからも精進していきます。

第4章

恋愛にテクニックは持ち込まない

恋愛経験少なめな私

ここまで読んでくださった方には伝わっていると思いますが、私の恋愛経験は片手で数えられるくらいしかありません。元々、男性が苦手で〝女性〟として扱われることが気持ち悪いと思っていたほどです。

なので、基本的にお付き合いする場合は相手から猛プッシュされるという流れがほとんど。何回か断ってもへこたれずにアタックする姿を見て、「こんなに好きって言ってくれる人はいないかもしれない」というところからだんだんと好きになることが多かったです。

こんなことを書くと「同情に近い気持ちなんじゃないか」とか「本当に人を好きになったと言えるのか」と思うかもしれません。でも、自分にとって大切な人だと思えたという気持ちに嘘はないので、経験が少ないなりに私が感じている恋愛について少し語らせてください。

第4章
恋愛にテクニックは持ち込まない

昔は、恋愛の駆け引きのようなことに憧れて試し行動をしていたことがあります。試し行動とは、わざと心配させるような行動をしたり、すぐに「別れる」と言って相手が本当に自分のことを大切だと思っているのかを確認する行動です。すごくメンヘラっぽいですが、心のどこかでは共感してくれる女性が多いはず……と思っています。

自分を擁護するようで気が引けますが、自己肯定感がかなり低かったことと、キャバクラで作り上げた虚像が大きくなっていたのが原因なのかなと今では思います。相手が嫌がることを言って「それでも好きだよ」と言ってほしい。それでなにかが満たされるような気がしていました。

でも、今は違います。いつからできるようになったのかは覚えていませんが、自分の気持ちを正直にまっすぐに伝えたい。そうしないと伝わらないと強く感じるようになりました。

自分の気持ちを満たすためだけに、相手を傷つけていいわけがない。恥ずかしながら、大人になって気がついたことです。

言葉以外でも人間は〝伝える〟ことができる生き物だと思います。**もちろん言葉にして伝えることは大切。だけど、それ以上に〝伝わる〟ことが大切です。**

どんなに語彙力が豊富でも、なにも感じない人。
多くは語らなくても、ちゃんと伝わる人。

みなさんのまわりにもきっといると思います。私は、言葉や目線の送り方、雰囲気、笑顔……自分のすべてで伝えたい。自分の思いが全部伝わるとは思っていないけど、その一端でも届いたらいいなと思っています。
だから私は、大切な人とたくさん話したいし笑いたい。ケンカをしたら、「別れる」と言うんじゃなくてこれからのために話し合いたい。どうやったらお互いに幸せになるかを考えたい。いつもそう思っています。

ただ、これは自分1人が頑張ってできることではありません。だからこそ、自分が相手を信頼できるかどうか、ケンカしても同じ気持ちで向き合ってくれるかどうかはすごく重要だと思います。

どんなに仲が良くても、相性がいいと思っていても、衝突することはあります。それは悪いことではないし、むしろ相手を理解できるようになるケンカなら望むところです。

ただ相手を傷つけるケンカではなくて、歩み寄れる話し合いになるように、常に優しさは持っていたいと思います。

恋愛サバイバル

恋愛の経験が少ない私が、なぜ恋愛について語っているのか疑問を持つ人もいるかもしれません。ご存じない方のために、なぜ今回書籍で取り上げているのかを説明させていただきます。

私は『バチェラー・ジャパン』シーズン5という恋愛リアリティー番組に参加したのをきっかけに、多くの方に認知していただけるようになりました。この番組では、1人の男性をめぐって女性参加者たちがいかにアピールするか、そして真実の愛を見つけられるのかをテーマにしています。

男性が苦手な私にしては、ずいぶんと攻めた選択だったと思います。ですが、思い立ったら即行動派の私は、わりとあっさり参加を決めました。ちゃんと恋愛と呼べる形の関係になりたい、いつかは結婚したいという漠然とした思いがあって、そのためにはまず動かないと始まらないなと思ったからです。

参加した当初は「本当にその人のことを好きになれるのか？」と感じている部分もあって、こんなことを書くと怒られそうですが**「好きにさせてみろよ！」**くらいの気持ちでした（笑）。いや、お前が好きにさせるんだよって感じですよね。すみません。

ネタバレを避けるために内容に関しては差し控えますが、私のなかで恋愛観が大きく変化したのは確かです。その理由の大部分を占めているのが、番組特有の環境です。

撮影期間は、スマホやPCの持ち込みは禁止。番組側には、バチェラー1人のことだけを真剣に見てほしいという意図があったのだと思います。でも、こうして情報から隔絶された数ヶ月を過ごしたおかげで見えたものがあります。

もし、スマホやPCが使える状態だったら「コレが男の脈あり行動！」みたいな記事を読んで安心していたかもしれない。でも、それができないということは、少しのことではブレない心が必要になってきます。

参加者の女性がバチェラーとのデートから帰ってきて、内容を報告してくれたのを聞いて「私よりも距離感が近いんだな……」というのを目の当たりにしていたので、バチェラーから「好き」と言われてもそう簡単には信じられませんでした。

参加しているときには、1人の時間が長すぎて余計なことを頭のなかでずっと考えてモヤモヤします。


ほかの子が言ってることってどこまで本当なんだろう。

私に言ってくれたことは嘘なのかな。

結局、彼は誰が好きなんだろう。


こんな考えばかりがループしていました。

だけど気がついたんです。**他人の気持ちや本当のことは分からないけど、自分の気持ちだけは分かる**ということに。たくさんの女の子がいるなかで、選ぶ権利があるのはバチェラー1人。たとえ、選ばれるかどうかを私が悩んでも、それは意味のないことです。

選ばれるようにどうするかは考えられても、選ばれるかどうかは考えても仕方ないんです。そうやって、自分の悩みを少なくしていったら「自分にできることをするしかないんだな」というシンプルな答えにたどり着きました。

もうひとつ、普通の恋愛との違いを感じることがありました。それは、時間の制約が厳しいということです。友だちとして知り合った場合は、時間をかけて相手を理解したり、それこそ恋愛の駆け引きを試してみてもいいでしょう。

ですが、バチェラーとの旅はそんなことをしている時間がない。しかも、先ほど説明したように1人の時間が信じられないくらい長いので、デートに行けるのが決まると、3日ごはんを食べていない犬みたいな状態になってしまうのです。

デートに行けると決まっただけでこんな状態なので、実際にデートへ出かけて本人を目の前にしたらどうなるのか。それが『バチェラー・ジャパン』シーズン5の映像に残っている私の姿です。犬だったら尻尾がちぎれるくらいブンブン振ってますよ。

聞きたいことがたくさんある。
聞いてほしいこともたくさんある。

……もどかしいですよねぇ。デートが終わって部屋に戻ってから「あれも聞いておけばよかった」とか「あの話って誤解されるような形で伝わってないかな」とそわそわしっぱなし。

身近にSNSがあれば、気になったことをすぐに聞けるのに。そう思う気持ちもありました。でも、そうできなかったおかげで自分の考えを信じるという価値観にたどり着けたんだと思っています。

恋愛の大原則

大原則とは書きましたが、「これをしちゃダメ」という明確なルールを決めるわけではありません。お互いに仕事をしている場合、職場や取引先などの異性と頻繁に連絡を取ることもあるでしょう。そうやって、いろんな人とのお付き合いがあるなかで、どのように折り合いをつけていくのかが大切です。

学校のなかで起こる恋愛だと「ほかの男の連絡先消して」という難題を言われても実現しやすいとは思います。しかし、働きはじめてコミュニティーが広がれば広がるほど、そんな恋愛はできなくなります。特に、今の私は人生の8割を仕事に費やしているので、「ほかの男の連絡先消して」なんて言われたら間違いなく大ゲンカすると思います。

では、今の私は恋愛でなにを大切にしているのか。少し細かく紹介していきましょう。

お金を払うのはどっちでもいい

男性が女性に奢るべきだ、という考えが世間にはまだ残っています。でも、私は正直どっちが出してもいいと思っています。大切なのは、お金を払うかどうかではなく、「気持ちよく払わせてくれるか」ということ。

たとえば、お金のない彼氏と夕食に出かけて自分が出すなら、せめて一緒にいる時間は長く取ってほしいです。一緒にいる時間が取れないなら、言葉でもいいから愛情表現をしてほしいです。

お金の対価として愛情表現をしてくれと言っているのではありません。相手になにかをしてもらったときに、自分ができることを考えてバランスを取ってほしいという意味です。

人を大切に思う気持ちは、いろんな形で伝えられます。それをサボらずに思いやれる関係なのであれば、お金はどちらが払ってもいいと思います。

暴言は仲良しの証じゃない

関係が深まると、相手をけなすようなことを冗談めかして言うこともあるかもしれません。しかし、仲が良くなったからといってなにを言ってもいいというわけではありません。昔から気になっていることなのですが、イジることを「気軽に冗談を言い合える関係の証」にするのはもうやめてほしいです。

こちらが「そんな言い方しないでよ」と言っても「冗談でしょ(笑)」と受け流されてしまうとすごくモヤモヤします。中学、高校とネタキャラ枠として扱われていたので、もしかすると私が神経質になっているだけなのかもしれませんが。

「こいつ、マジでバカじゃね？」
「私の彼氏、使えないんだよね」

こういう冷たいセリフを聞くと、大切な人なんだったら大切にしたらいいのにと思ってしまいます。友だちに「最近付き合っている人とはどうなの?」と聞かれて、本当のことを言うのが恥ずかしいという気持ちは分かります。だけど……それってお付き合いしている人を傷つけるほど大切にしたい気持ちですか? 私には、まわりの人に間違った方法で仲の良さをアピールしているように見えます。

私は、お互いが大切に思っているなら「大切だよ」と言いたい。相手を傷つけるんじゃなくて、相手の良いところを褒め合ったり、できないことには寄り添いたい。そういう価値観を持っている人と、私は一緒にいたいです。

プライベートは大切に

最近では、付き合っている人同士がお互いに位置情報を見られる状態にしていることがあるみたいですね。……私はこれ絶対にイヤです。プライベートな部分って、誰かと付き合ったからなくなるわけではないし、大切な人だからといってすべての情報を共有する必要もありません。

これは意見が二分するテーマでもあり、私の意見を書いても「やましいことがあるからでしょ」と思われてしまう可能性は高いです。でも、そうじゃないんです。

仮に、付き合っている人のメールを見たとします。ほとんどが迷惑メールで開いてもいない状態で放置されているのに、なぜか「夜のお相手募集！」というタイトルがついたメールだけ既読になっていたらどう思いますか？

たまたまスマホを操作しているときにタップしてしまっただけかもしれないけど、そのままの言い分を信用できるわけがない。そうやって火種が生まれ、次から次へと燃料を投下しつづけることになってしまうんです。

自分のスマホに入っている連絡先は、他人の個人情報です。相手に確認もとらずに、その個人情報や自分のもとに来た連絡を見せていいのでしょうか。そのやり取りはもはや自分だけのものではありません。

仕事の連絡もあるし、たまには友だちに彼氏の愚痴を聞いてほしいこともあると思います。それを付き合っている人に見られるのって居心地悪くないですか？　私のプライベートは私だけのものです。それを理解してくれない相手とは上手くやっていけない気がします。

選ばれるためにできること

恋愛に必勝法なんてありませんが、自分をアピールするために気をつけていることがあります。

ひとつは、第2章でも紹介したギャップを身につける意識。

ふたつ目は、自分好みの人がいるフィールドを考えること。

最後は自分と合わない人を寄せ付けないこと。


私なりに気をつけていることを説明するので、もし「なるほど……」と思ったらぜひ取り入れてみてください。騙すわけでもなく、自分を飾るわけでもなく、大切なのは自分という人間を正しく認知する力なのだと、今の私は思っています。みなさんの恋愛が上手くいくことを願って。

ギャップを身につける意識

私は昔から、ネタキャラとして周囲と接していたので、あまり物を知らないイメージを持たれていました。髪色を明るくしていることが多く、パッと見の印象も「話が通じなそう」というマイナスのイメージを持たれることが多いです。

でも、私は私なりに社会に出てからは、「どうしたら人と距離感を縮められるのか」や「自分をアピールするためにできることは？」など、かなり精力的に考えてきたほうだと思います。

私の場合は、考えてなさそうに見えて意外と考えているというギャップですが、このギャップはどんな方向でもいいと思います。まわりからドライに見られる人なら、なにかに情熱をもって打ち込んでいる姿を見せる。勉強ができなくても、スポーツをしているときは輝く人もいますよね。

自分がどう見えるのか、そしてギャップになる部分はどこなのかを考えてみるといいと思います。

こういったギャップの話をすると、自分のなかにはあまりない部分を「装ってしまう人」がいます。たとえば、元々本を読むのが好きではないのにギャップをつけるために読みはじめたり、自分の趣味とは全然違うけど女の子っぽい服装を無理にしてみたり。

新しいギャップを身につけようとしても、装っていることは相手にバレてしまう可能性が高いです。**自分のなかにある「本当の自分」でギャップを身につけていくほうが、相手からも好かれるし自分もしんどくない。**自分に優しいギャップの身につけ方を意識してみてください。

自分好みの人がいるフィールドを考えること

自分と相性の合う人はどんな人だろう……と悩むことって多いですよね。恋愛もそう、結婚相手を見つけるときもそうだと思います。しかし、この問いは悩みのループにハマってしまうことが多く、いつ考えても答えらしいものが思い浮かびません。
恋愛をしていると、相手好みの女性になろうとする人がいます。髪型や服装だけでなく精神的にも合わせるのは献身的にも見えますが、それは自分を犠牲にしているとも言えます。それでも全然OKという人もいると思いますが、我慢がいつか爆発しそうと感じているなら一考の余地ありです。

少し違った角度で恋愛について考えてみると、新しい答えが見つかるかもしれません。好みのタイプが、知識をたくさん持っているインテリだとしたら、スポーツ施設に行っても見つかる可能性って低いですよね。それよりは図書館に行ったほうがいいです。軽い男は嫌だと思っているなら、夜にバーやクラブで探すのは見当違いです。

自分が求めている人がいそうなフィールドで探す。当然、フィールドを合わせたからといって、自分と合う人が見つかるかは分かりません。でも、少しはその確率を上げられると思います。

自分と合わない人を寄せ付けないこと

さきほど、自分の求める人がいそうなフィールドで探すという話をしましたが、これと併せて大事にしてほしいのは、自分と合わない人を最初から寄り付かせないことです。

私はネタキャラだし、なにも考えていないと思われることが多いので、初対面からナメてくる人が一定数います。最初からタメ口だったり、きつい言葉を使っても問題ないだろうと思われたり。でも、私はそういう人が嫌いです。少なくとも私が尊敬する人たちのなかにそういう人たちはいませんでした。

なので、ふるいにかける要領であえてナメられる見た目をしているという部分もあります。髪色を明るくしていると馴れ馴れしく話しかけてくる人もいますが、その時点で「この人は私のタイプじゃない」とすぐに分かります。

初対面で私のことを見下す人も、かしこまった雰囲気のお店で清楚な見た目をしている異性を見かけたら、きっと敬語で話しかけるでしょう。自分が清楚な見た目をしていたら、外面の良い部分に騙されてしまうかもしれない。それならいっそ、最初から自分と合わない人をあぶりだすというのもひとつの考え方です。

恋愛資本主義

お金がすべてと思っているわけではないですが、お金を払ってくれた人を敬う気持ちは忘れたくないと感じています。どんなに仲のいい友だちだろうと奢ったあとに「ゴチで～す」って言われたら、私はけっこう嫌です。

この章の冒頭で書いたとおり、男女の間でどちらがお金を出してもいいと思っています。ただ、最低限の敬意は大切にしてほしいということ。**こちらがお金を払うんだとしたら、気持ちよく払わせてほしい**。それは奢られる人のマナーです。

この感覚は、キャバクラで働いていたことも大いに関係していると思います。お金をたくさん使ってくれるお客さまと、そこまで使わないお客さまだったら、前者を大切にします。

念のため書いておきますが、使ってくれないお客さまを雑に扱うという意味ではなく、見合う接客以上のことはしないという意味です。

それが、私にとっては「公平に扱う」ということです。指名を受けて、お金をたくさん出してくれる人にもそうでない人にも接客している時間が同じだったら、不公平ですよね。

この考え方は、頑張っている人を応援したいと思うのと同じです。頑張っていない人が頑張っている人と同じ評価をされたらどうでしょうか。そんな世の中で生きていくの嫌ですよね。

男女の間で奢るとか奢られるという場面でも、私は同じように考えています。稼いでいる人が偉いというわけではなく、その場でお金を出してくれた人を立てる。それが、私の考えている「公平な関係」です。

ケンカの作法

ケンカというよりは、話し合いたい。それはずっと伝えてきたことですが、ただ自分の言いたいことを言うだけでは話し合いになりません。自分のことも分かってもらい、相手のことも理解する。それがケンカをするときに一番大切なことです。

よくあるのは「このケンカはどちらが悪いか」を決めるための闘いになってしまったり、「悲しかった」「寂しかった」といった感情を押し付けて終わらせたりしてしまうケンカ。これは相手に罪悪感を植え付けるだけで、物事が解決する方向には話が進んでいきません。

言い合いになったときに、どうやって向き合えるかでその付き合いが長く続くかどうかが決まる、といっても過言ではありません。自分が不満に思ったことをどのように伝えるかなど、私が気をつけていることをご紹介します。

自分の癖を把握する

自分が怒ったときの癖を自分で知っておくのは大事です。これが分かっていないと、ケンカが長引いたり、思ったことを伝えられません。たとえば私の場合だと、一度言いたいことが出てくると、怒りの持続時間がとても長いという特徴があります。3時間とか、ひどいときには丸一日モヤモヤと考えてしまうので、そういうときに話し合いをしても逆効果。

少し時間を置いてからのほうが落ち着いて話ができるので、その点は相手に伝えておくことも心がけています。

でも、家族や同棲中の相手とはどうしても顔を合わせないといけませんよね。そういうときは自分の考えがまとまるまではいったん外に出て、外の空気を吸ってから話の順序を考えます。

電話か対面はマスト

相手と距離をとるのは大切ですが、ケンカをメッセージやＬＩＮＥでするのは悪手です。文字として残るので、お互いに揚げ足取りが始まり、話し合いがまったく前に進みません。

それ以外にも、文章を考える時間を与えることになるので言い訳をしやすくなります。私は、言葉以外でも自分のことを伝えたいという話は前にも出しました。それはケンカのときも同じです。文字以上に伝わるなにかがある。だから、対面がベストだし、それがどうしても難しいなら電話で話すというのを徹底しています。

対面で話すと、相手の細かな変化を感じ取れるし、文字だったらぶっきらぼうに見える言葉も、上手く伝えられないだけなんだなとくみ取ることができます。

まずは相手の話を聞く

自分のことを分かってほしいというのは、お互いが感じていることです。それが分かっているからこそ、最初は相手の話を聞くところから始めるのを意識しています。

このやり方をとっている理由はもうひとつあって、それは……**なにか怪しいことがあったときに、こちらがどれだけの事実を知っているのかを握らせないためです。**

こちらから手の内を明かしてしまうと「ここまでしかバレてないんだな」と思われて嘘をつきやすくなります。確たる証拠をすべて出せるなら、自分から言いたいことを言ってもいいですが、後手にまわったほうが、相手の矛盾をあぶりだせます。

このときに気をつけたいのは、こちらからあまり口を挟まないこと。相手の言うことを促すように、相槌を打って話を引き出しましょう。

感情的にならない

経営について語った章にも書きましたが、基本的に事実ベースで話すようにしています。自分の気持ちを分かってほしいと思うあまり、感情もセットで伝えたくなってしまいますが、話し合いのときには抑えましょう。

相手に「悲しい」と伝えても、たぶん「ごめん」としか返ってきません。そのあとの会話って続かないし、結局自分の心も晴れないと思います。それならば、どうしたら今回のようなトラブルが起きないか、どのように気をつけようとしているのかを話し合ったほうがよほど建設的です。

ちゃんと向きあいながら話をしないと、「前もこう言ってたよね」と昔の話を蒸し返すことも増えてしまいます。1年前のケンカでなにを話していたかなんて、あとで責められても解決策は見つからない。だから、ひとつずつちゃんと終わらせないといけないんです。

最後かもしれないから

『バチェラー・ジャパン』シーズン5にはスマホなどの端末が持ち込めない以外にも、**ローズセレモニーでバチェラーにローズをもらえなかった女性は、すぐに帰らなければいけない**というルールがありました。

つまり、いつ帰ることになってもおかしくないんです。だから、デートで自分を知ってもらえなければ、もう二度と知ってもらえるチャンスはない。デートで相手のことを知ろうとしなければ、知れるチャンスもありません。

いつ帰るか分からないのは、自分だけではなく参加している女性すべてに当てはまります。一緒に泣いて笑って過ごした人たちが、明日にはもういないかもしれない。

もちろん、恋愛をしにきているのは重々承知しています。でも、「もっとこの時間が続けばいいのに」と思う気持ちも本心でした。

いつ最後になってもおかしくないんだと感じるようになったのは、番組参加がきっかけになっているのだと思います。海外ロケから日本に帰ってきたとき、私はその気持ちを恋愛以外でも感じるようになりました。

友だちやお母さん、おばあちゃん……最後の会話がいつになるのかは誰にも分からない。だから、よほど嫌なことがなければいい雰囲気のまま「またね！」って言いたい。余計なケンカをして最後になってしまったら、きっと私は後悔してしまうと思います。

だけど、日頃から気をつけていれば「気をつけていたのにケンカ別れになってしまったな」と心のどこかで納得できる日がくるかもしれない。少しでも未来の自分に後悔を残さないために、今の私ができる唯一のことだと思います。

この考え方のおかげで「今日が最後になっても伝えておきたいことなのか」と自分に問いかけられるようになり、話すか話さないかを悩む時間が減った気がします。この方法は、人によって裏目に出るケースもあるのでおすすめとは言いません。こんな考え方もあるよというくらいの気持ちで受け取ってください。

日頃からあまり自分のことを話せない人は、嫌なことがあっても我慢しつづけてしまうかもしれない。でも、くだらないケンカばかりしてしまうという人には効果的な面もあります。

そうやって、丁寧に自分の適性と向き合えたら気持ちが楽になることも増えるかもしれません。

別れの一歩

ここまで恋愛について語ってきましたが、私は2023年にお付き合いしていた人と別れることになってしまいました。

当たり前ですが、出版の話をいただいたときには、こんなことになるとは思っていませんでした。すべての原稿が出来あがり、あとは最終チェックを残すのみでしたが、2024年2月24日現在、こうして新しい項目を書いています。

正直、この話に触れるかは悩みました。……今も悩んでいます。もしかしたら読んだ人に違う受け取り方をされるかもしれない。自分のもとにもお相手のもとにもSNSなどで心ないことを書きこまれるかもしれない。そう思うと不安です。

でも、今回の書籍ではありのままの自分について書いてきました。この本にふさわしいのは、きっと避けずに向き合うことなのだと思います。

お付き合いを始めた当初は遠距離恋愛でした。とはいえ、私の住む名古屋に彼が通うような形で月の半分くらいは一緒にいたと思います。なので、遠距離恋愛特有の寂しさはあまり感じませんでした。

お互いに「すぐにでも結婚したい」と思っていたので、結婚して子どもができても引っ越さなくてもいいように、都内に少し広めの家を借りて同棲することになりました。彼の家にあった家具や家電を新居へと運び込み、生活環境が整っていくうちに、より結婚を身近に感じたのを覚えています。

本当は2023年の5月10日に婚姻届を出すはずでした。この日は、お相手の希望でもあった1年で最高に縁起のいい日。これを逃すと次の年の1月まで同じくらい縁起のいい日はやってこないとのことでした。

しかし、会社を経営していると公的機関の資料に本名が記載されるので、番組の配信の2023年8月より前に苗字が変わるとネタバレになる恐れがあることが判明しました。番組でのご縁で結ばれましたし、番組を楽しみにしているファンのみなさんを裏切るのは本意ではなかったので、結婚の時期を来年に延期しようと話し合いました。

その後も、最終エピソードが配信されるまでは良い関係を築けていたのではないかと個人的には思っています。普通のカップルのように一緒には出掛けられないし、一番盛り上がる時期にストレスを抱えながら生活しなければいけないのは、しんどかったですが、ちゃんと幸せな時間がありました。

その関係が崩れはじめたのは、最終エピソードが配信されてすぐのことでした。SNSやDMで送られてくる本当か嘘かも分からない目撃情報。無数の火種が飛び交って、あらゆるところで勝手に火がつき、面白おかしいコメントで埋め尽くされていきました。

人前に出るというリスクは分かっていたつもりでしたが、ここまで精神的に追い込まれるものかと思いました。SNSの投稿頻度が下がればそれに疑問を投げる人、誰と一緒に撮影した写真なのかを気にする人、仕事のグチを書いてもすべてを恋愛と結びつける人。挙げればキリがありません。

私の生活は、恋愛だけで成り立っているわけでもないし、みなさんと同じように仕事や、ほかの人間関係で悩むこともあります。

ですが、好意的に受け取るなら応援の一種だったのかなと思います。私が「普通に幸せになれるはず」という幻想を持ったまま、人前に出てしまったことが大きな間違いだったのでしょう。

旅に参加するときにも、すごくラフに「結婚できたらいいな〜」というくらいの意気込みしかありませんでした。その後の動向を追っていただけるのがこんなにも負担になるというのは、予想外でした。結果的に、自分が求めていた幸せな生活とはほど遠いところにいると思うようになりました。

また、同棲を始めてからのほうが一緒に時間を過ごせると思っていましたが、私の仕事が忙しくなったこともあり、生活にも少しずつズレが生じるようになりました。まわりからの火種があったとしても、このときにもっと話し合えていれば違う結果になっていたのかもしれません。

そうやって少しずつ距離ができてしまい、当初持っていたはずの結婚に対する前向きな気持ちはいつしか小さくなってしまいました。お別れするかどうかを悩んでいるときは、本当につらかったです。ちょうど仕事のトラブルなどもあり精神的に負荷がかかっていた時期だったので、「今ここで別れるという大きな決断をしたら、恋愛が終わるだけでなく自分のすべてが壊れてしまいそう」と張り詰めた緊張感を抱えていました。そのため、長い間悩むことにはなりましたが、自分にとって必要なものを精査するために必要な時間だったと思います。

お別れして、私は一緒に住んでいた家を出ました。持ち出したものは段ボール6箱だけ。

今の正直な気持ちは……寂しさが4割とすがすがしさが6割くらいです。誰かと同じ家に住んで、ごはんを食べて、手を繋いで歩いて帰ったいくつもの日々。それを思えば、寂しくないなんて言えません。衝突したこともあったけど、一時は同じ幸せを見つめていました。

それが形にならなかったということは、シンプルにご縁がなかったのかもしれません。今は、結婚を強く意識するというよりは、少し充電期間に充《あ》てたいと思っています。焦りすぎても見誤るし、結婚はゴールじゃない。そう自分に言い聞かせて今日も生きています。

私とじゃなくても、幸せになってくれたらそれでいい。心からそう思います。

第5章

ナチュラルな生活が私を彩る

デジタルデトックス

この章では、自分の生活を整えるために取り入れていることを紹介していきます。人間関係についての悩みは、かなり幅広い世代で共感されるものだと思います。

スマホが普及して、SNSですぐに繋がれるようになった世界では、他人の情報を持ち歩いて生活できるようになりました。

それは、便利な世の中になっているということですが、一方でまた違う人間関係が構築されています。誰かの私生活を見て「いいな〜」と羨《うらや》んだり、「私なんか」と自信を失くしてしまう人もいると聞きます。

最近の私は、できるだけSNSに生活を侵食《しんしょく》されないように気をつけているところです。**情報を取り入れすぎない、自分が疲れるほどにはなにかを追いかけない。**これだけで、かなり気持ちが楽になります。

また、SNS以外では、スマホに入っている連絡先をこまめに整理することも昔から意識しています。連絡先が多いほうがステータスだと思っている人は、「消すなんてもったいない」と感じるかもしれません。知り合いが多いことは、人脈が広いと言い換えることができますからね。

そこまで、意識的に「消したくない」と思っている人だけではなく、消すのは悪いことをしている気分になる、せっかく教えてもらったのに……と申し訳ない気持ちからそのままにしている人もいるでしょう。

ですが、私は定期的に連絡先を整理することで、自分にとっての大切な人がどのくらいいるのか、自分がこれからも大切にしていきたい縁はどれなのか、など自分に問いかけるチャンスにしています。

自分の時間は有限で、忙しくなればなるほど使える時間は減っていきます。大切な人以外と過ごす時間は、できるかぎり少なくしたい。それは、誰もが一度は思うのではないでしょうか。

では、私の連絡先に苦手な人は入っていないのかというと、そんなことはありません。仕事をしていると、自分に合うか合わないか以外の見方が大切になってくるからです。

たとえば､自分とは合わないけどいい仕事をしてくれるから付き合っていきたい。私とは共通する部分が少ないけど、私が苦手な部分をカバーしてくれるかもしれない。それは、好き嫌いとはまったく別ですよね。

意識していても苦手な人の連絡先はゼロにはできない。だからこそ、意識できる部分だけは丁寧に整理していきたいと思っています。

一度でも連絡先を整理したことのある人は分かると思いますが、これをやってみると自分のキャパはそんなに大きくないんだなと気づくはずです。全員に同じ熱量はかけられないんだなと実感できると、ためらいなく連絡先を整理することができます。

私は、また出会う機会があるならそのときに連絡先を追加すればいっか！　というタイプ。連絡先が消えたらなくなるような関係なら、その程度のものだったということです。いつか縁がまわってきたら、連絡先を知らなくても、また繋がる瞬間があると思います。

これを少し恋愛の話に置き換えてみましょう。「復縁したいから連絡しようか悩んでいる」という場面を思い浮かべてみてください。なぜこの悩みが生まれるのかというと、自分のスマホに相手の連絡先が残っているからです。

いつか元に戻るかもしれないと希望を持つのはいいですが、そのために悩んで時間が過ぎていくのを待つのは、かなりしんどいと思います。そんな相談を聞くと、いっそ消してしまったら楽なのに……とすら思います。

そんなに簡単に消せないから困っているんだ、というのも分かります。悩むのが自分のためなのか、先に進むのが自分のためなのか。それは人によって違うのでなんとも言えません。でも、もし誰かからの連絡を待っていて、自分が苦しむくらいなら、いっそデトックスしてみませんか。

連絡先がなくなってしまった最初こそ寂しい気持ちはありますが、その期間が1週間、1ヶ月、半年と進んでいくと「あのとき消しておいてよかったな」と思える未来が待っていると思います。

ずっと誰かに執着している人よりも、前を向いて新しい出会いを探している人のほうが、私は魅力的だと思います。

リフレッシュ方法

お客さまと話している時間も、誰かと出かけている時間も、私にとってはリフレッシュになっています。とはいえ、その時間が偏ってしまうとリフレッシュから一転してストレスになってしまうのが、人間の難しいところ。

人と会うのが楽しいなと思っていたのに、その予定がたくさん入ってくるとちょっとしんどくなってしまう。そんな経験はありませんか？　その人が嫌いだから会いたくないというわけではなく、むしろ好きな人にも会いたくなくなってしまう。これは、人付き合いの過剰摂取です。ダメ、絶対。

好きな人と会っているときには、自分も楽しいから本当は疲れていることを相手に気づいてもらえないし、結果的にセルフケアが遅れてしまいます。気がついたらこんなに疲れていた！　とあとから思うこともあります。

だから、リフレッシュ方法をいくつか持っておくのは大切です。人と会うのに疲れたら、部屋にこもってゲームをしたり、ドラマや映画、アニメなどを見たりして過ごすこともあるし、自由気ままに昼寝をして気がついたら18時間寝ていたということもあります。

寝ることに対して罪悪感を覚える人もいるそうですが、罪悪感は持たないほうがいいです。「洗濯しないといけなかったのに」とか、「役所に行こうと思っていたのに」とか悩むよりも、**休んで得られた開放感を大切にしましょう。**

「うわ～！　めっちゃ寝たな！　最高に気持ちいいな」

これくらいの気持ちで、思いっきり寝てください。罪悪感はリフレッシュの敵です。

もうひとつ気をつけたいのは、**絶対的にストレスを解消できるものにお金をかけ**

すぎないこと。ストレスを解消するときに、見える形にしてしまうと「この間よりもつらいからもっとお金を使わなきゃ」と考えるようになります。

その結果、依存へと陥《おちい》るようになってしまうので、ストレス発散はお金を使うものではないほうが健全です。よく見かけるのは買い物依存症……の手前までいっている人。

購入しても袋から出さず、袖を通すこともない。山のように服があっても「まだ足りない」「もっと買いたい」という欲が大きくなっていきます。そういう人も、最初から依存していたわけではありません。きっと、洋服が好きだっただけです。

私も買い物は好きです。でも、ストレス発散になっているかと聞かれると、そんなことはありません。好きな服を見ているだけでも幸せな気持ちになれます。ストレスの解消法を持つことは大切ですが、その解消法に取り込まれないようにしてください。自分のキャパ以上に買い物をするようになると、最悪の場合、人生が壊れてしまうことにもなります。

もうひとつ、私が生活に取り入れているものがあります。それは**お香**。これは、2年前くらいから始めた習慣です。そこまで寝起きが悪いというわけではないですが、動きはじめるまでの時間がかなり必要なので、**朝起きたらお香を焚く**のをルーティンにしています。

出かける用意はできなくても、お香を焚くことはできる。そんな習慣を続けていたら、いつの間にかお香を焚くだけで目が覚めるようになりました。ウッド系のお香をメインにしていて、その日の体調に合わせて柑橘系のさわやかなものにすることもあれば、ホワイトティーというちょっと優しめなお香をチョイスすることもあります。

日々のストレスを軽減するもの、そしてすごく落ち込んだときに持ち直すためのストレス発散法、それらをいくつか持っていることで自分が元気でいられる時間は長くなっていくと思います。

香料が苦手な人は、植物を育ててみたり好きな音楽を聴いてもいいと思います。自分の生活の負担にならない程度で、ちょっと気分の上がるものを見つけてみてください。

金銭感覚の守りかた

よく、「キャバクラなどで働いていると金銭感覚が狂うのではないか」と言われます。私自身はというと、そこまで変わっていないんじゃないかと思います。東京のカフェで打ち合わせしたときにメニュー表を見ていたら、ドリンクがどれも1500円以上だったことがあります。これに対して、高いなぁという気持ちは今でもあります。

キャバ嬢時代にもらったものも、自分が使わないものはお母さんにあげるなど、とても気に入っているもの以外は今はほとんど残っていません。その代わり、自分がいいなと思って買ったものは、すごく長く手元に置いています。

どうせ買うなら一生使えるものがいい、という価値観で物を買う。だから、アクセサリーも数えられる程度しかありません。

私が金銭感覚をある程度キープできているのは、キャバ嬢時代にあるお客さまからいただいた言葉のおかげです。その方は会社経営をしていて、けっこう派手な飲み方をする人でした。

でも、それは飲みの席だけ。普段から見境なく使うことはなかったそうです。

「自分の財布に入っているこの1000円は、自分のところで働いてくれている従業員が、どれだけ苦労して得たお金なのか。それは忘れちゃいけない」

その話を聞いたときには、「そういうものなのか〜」くらいにしか思っていませんでしたが、自分でお店を経営してみると今になってその言葉が胸に沁みます。**今、お財布に入っているお金は、私のお金です。でも、私の元に来るまでには、現場で接客をしてくれる従業員がいて、その従業員を育てる立場の人間がいます。**

きっと、仕事が上手くいかなくて「やめたいなぁ」と思うこともあるでしょう。不満を持つこともきっとある。それでも、頑張って支えてくれているから、今私の手元に1000円があるんです。そう思うと、たかが1000円だとは思えなくなりました。

私がお金を使うときに大切にしている価値観がもうひとつ。それは、**経験に投資すること**。これは、美容師専門学校に通っていたとき、先生に言われたことなのです。

「キミたちはいいサービスを提供しなければいけない。そのためには、自分がいいサービスを受けないと、お客さまの目線には立てないでしょ。キミたちの財布には今いくら入ってる？　3000円以上あるならそのお金で払えるギリギリのランチを食べてきなさい。ホテルに泊まれるくらいの余力がある人は高級ホテルに泊まりなさい。それが、なににも代えられない経験になるから」

お金は自分の経験に換える。

そして、自分の接客業に生かす。

そういうお金の使い方をしていると、使った金額以上の価値が自分に身につくような気がしています。これからも、自分の経験に投資する意識は忘れないようにしたいです。

ＳＮＳとの距離感

自分らしく生きたいと思いつつも、まわりの反応をしっかり気にしてしまうので、ＳＮＳなどでマイナスのコメントを探すのをやめられません。たくさんの褒め言葉を素直に喜ぶのではなく、私が気にしているのはアンチコメント。……良くないですね。良くないと分かっていてもついやってしまうんです。

ただ、それでも最近少しずつ「見ないようにする」ことができるようになっています。定期的にＸ（旧Ｔｗｉｔｔｅｒ）をホーム画面から削除したり、スマホをあまり触らないようにしてＳＮＳから離れる時間を意識したり。それだけでも、心を穏やかに保てるようになりました。

これも、１２５ページでお伝えしたＳＮＳから離れた時期を経験したおかげでしょう。意外に見なくても生活できるんだなという実感があるおかげで、情報からある程度距離を置くことに抵抗がなくなりました。

また、最近になってＳＮＳ上での振る舞いについても考えるようになりました。最初のうちは、思ったことそのままを書くのは控えたほうがいいのかもしれないと思っていました。でも、『バチェラー・ジャパン』シーズン5に参加してからは、なにを発信しても悪く捉える人は一定数いるので、批判を恐れていたらなにも言えなくなってしまうと考えるようになりました。

目に見えない誰かに気を遣って、自分の言いたいことも言えないと、空気のような存在になってしまいます。もちろん、最低限のマナーやモラルは必要なので、悪意を持って誰かを傷つけるといった内容はＮＧです。ですが、**最低限の配慮をしていれば、言いたいことを言ってもいいんだろうな**という気持ちに変化しつつあります。

ＳＮＳはお客さまとの連絡用だったり、自分を知ってもらうために始めたことなので、自分のライフスタイルに満足できたら、ＳＮＳをやめるかもしれません。それが、最終的に見据えているＳＮＳとの向き合い方です。

私が言えるのは、自分の心を大切にできる余裕がないなら、ＳＮＳとは少し距離を置いたほうがいいということ。スマホを触ってばかりいると「そんなの絶対に無理」と思うかもしれませんが、スマホがなくても人間は生きていけます。

ポジティブクライ

よく泣いて、よく笑う。それは私の個性です。

昔は、すぐに泣いてしまう自分が嫌いでした。頭で考えていることがあるのに、気持ちがそれを追い越していって涙が出てくる。泣くこと自体恥ずかしかったし、泣いて終わりにしてしまう自分に対して悔しい気持ちもありました。

なので、泣くということにネガティブな考え方をする人がいるのは分かります。でも、幸運なことに私は泣いてしまったときに「なに泣いてんだよ」と言われることがありませんでした。

キャバ嬢時代には、失敗したときに「我慢しなくていいじゃん」って声をかけてもらったこともあります。この言葉には救われました。泣いてしまう自分をそのまま受け入れてくれる環境があったおかげで、今でもずっと泣きたいときに泣いています。

笑いたいときに笑うように、泣きたいときは泣けばいい。
我慢しないで、自分の感情に正直にいたい。

今の私はそう思っています。

先日、街を歩いていたら盛大にコケました。痛すぎてしばらくうずくまっていたら、前から歩いてきたマダムたちが「あら、大丈夫？」「痛いよね、立てる？」と声をかけてくれました。

痛みよりも、その優しさに感化されて涙がぶわぁーっと溢れました。マダムたちは「そんなに痛いの!?　大変だわ！」と大騒ぎでしたが、「ち、違うんです。みなさんが優しくて……うわぁぁぁん！」と説明するのもままならず、収拾がつきませんでした。

泣くのを我慢するのが大人なら、私は大人じゃなくていい。だって、そのときの私は泣きたかったんだから。

まわりからは、繊細な人だなと思われることもありますが、自分のなかではそんなこと全然思っていません。誰かが泣いていても、私はなんとも思わないからです。笑っているな、と同じくらいのテンションで泣くことを受け止めて、泣いているなとしか思わない。

笑うのと同じくらい、気軽に泣いてもいいのだと思っています。

すっぴんを美しく

金銭感覚とも繋がる話だと思いますが、私は自分を飾ることにはあまり興味がありません。人は、どんなに外側をきれいに取り繕っても、話したときに「中身がないな」と思うものには本当の意味で惹かれないからです。

自分の感覚や感受性を豊かにすれば、どれだけ歳をとっても資産として残ります。それは、お金に換算することはできないけど、人間性という価値を高めてくれるはず。

私が、お金や装飾品に惹かれないのは、「極限の状態」を意識しているというのも大きな理由です。もしも明日、災害に巻き込まれたとしたら、私にはなにが残るだろうか？　とつい考えてしまいます。

今まで頑張って稼いだお金も、家も服もすべてなくなる。そのときに自分を支えてくれるものはなんだろうかと考えたときに、出てくる答えはいつも「私自身」。すべてがなくなっても、自分に自信を持っていればまた歩いていけるはずです。

私は会社を経営しているから大丈夫。ではなくて、**すべてがなくなっても、自分に価値があるから大丈夫と思えるようにしておきたいのです。**

だから、経験にお金をかけたいし、自分のベースを整えたい。きれいな服がないと自分の価値が下がるなら、それは服の価値です。アクセサリーを着けていないと見劣りするなら、それはアクセサリーの価値です。

これは、自分でも極端な考え方だと思いますが、人間の真価は極限の状態でこそ見えるものだと思います。

「いつもきれいなあなたが好きだよ」
「なにもなくても、あなたが好きだよ」

私は、後者の言葉を言われたほうが嬉しいから、なにもなくても自分を好きでいられるように、これからも生きていきたいです。

人の助言と私の意志

美容師専門学校で先生に言われたとおり、3000円のランチを食べに行ったり、一流ホテルの接客を見に行ったり……良くも悪くも人の話を素直に聞くのは、私の特性です。

見る人によっては、人の意見に流されていると感じる人もいると思います。ですが、いつだって私は自分の選択に責任を持っています。起業するときも、まわりの人に「上手くいくよ」と言われても、その言葉を参考にするだけ。

仮に上手くいかなかったとしても「あの人が言ったとおりにしたのに失敗した」なんて、絶対に思いません。そう思うくらいなら、なにもしないほうがいいでしょう。**基本的には、なにをするにしても自己責任です。**自分の人生において、人のせいにできることなんて、ほぼないと思います。

今でも、私はまわりから助言をいただくことがあります。最近の話だと、経営している店を手放して、新しく別の業態でなにかを始めたほうが儲かるという内容です。

私よりも経営している期間が長い人からの助言なので、おそらく間違いではないでしょう。もしかしたら、私も10年後にはそのほうが正解だったと思っているかもしれません。

でも、今の私は違います。もしも大損したとしても、この方法を選んでよかったと思えることをしていたい。人の言うことを聞いて上手くいくことはあると思うけど、自分が納得できないことをしてしまったら、絶対に後悔してしまう。

分からないことを人に聞いて助言に耳を傾けるのは大事ですが、盲信しないように気をつけています。自分がしたほうがいい失敗や、経験というのも確実にあるはずなので、**最後は自分が判断する**というのは意識しています。

自分のすることは、すべて自分の責任です。

誰かの言うことを聞くのも自分の責任です。

このスタンスさえ間違えなければ、少なくとも後悔することはないと思います。仕事だけでなく、恋愛でも日々の小さな悩みでも、この考え方は当てはまると思います。

他人の言う「こうしたら上手くいったよ」というのは、環境やその人自身の特性が生かされた結果でもあります。すべての人が同じように行動しても、同じような成果を得られるわけではありません。

そういう厳しい現実もあると、理解して進むこと。それは、私が忘れたくないことです。

これからの私

自分にスポットライトを当てることを望んだキャバ嬢時代。そんな私が今は、**従業員にスポットライトを当てること**を幸せに感じています。

「やっぱり、キミが面倒見ている子は違うね」

そう言われて、私は嬉しくなります。1人で頑張っていた頃よりも、価値のある褒め言葉。従業員からの言葉も、私にとっては宝物なのです。

「ここで働けるようになってから、仕事が楽しいです！」

仕事が楽しいというと、「好きなことを仕事にしている人だけの特権」のように思うかもしれませんが、実際はそんなことないんだろうなと感じています。私は、喫茶店でアルバイトしていたときも、キャバクラで接客していたときも、会社を経営するようになってからも、基本的にずっと楽しい。

もちろん、つらいことや悲しいこともあったけど、振り返ってみればすべてがいい思い出です。

人付き合いを広げていくうちに、ドライになった考え方もあれば、反対に情熱を込められる部分もあって。打算的な考え方をすることもあれば、儲けなんて関係ないと感じることもあります。

一貫性がないと言えばそれまでですが、人の気持ちはそんなにきれいに割り切れるものではありません。なにを大切にするかは、その時々で違います。**大切なのは、そのときに選んだ道を後悔しない心を培《つちか》っておくこと**。ただ、それだけなのかもしれません。

私も、失敗したときには「やっちゃったなぁ」と思うことがたくさんあります。

だけど失敗したおかげで学べたことがたくさんあるので、後悔はありません。
きっとこれからも失敗します。今までにないくらいの失敗もするでしょう。**でも、失敗しないでなにも得られないよりずっといい。**

今までは、接客業を通していろんな人の話を聞いてきました。私は、接客業のことしか分からないし、その範囲も限定的です。だから、これからは自分の知らない世界のことにも積極的に目を向けていきたいと思っています。
具体的になにかを考えているわけではありませんが、今回の書籍を出版するというのも、新たな経験になりました。

「私には縁のない人だな」
「私には関係ないことだな」

そんなふうに見切りをつけるのではなく、面白いと思うことは知りたいし経験したいです。

これからの人生も、感情豊かに生きていきたい。ありのままの私自身で。

おわりに

まずは、たくさんある書籍の中でこの本を手に取っていただき、ありがとうございました。

私のことを知ってくださっている方も、日頃お世話になっている方も、この本から知ってくださった方も、今、この本に目を通していただいて、貴重なお時間をくださって、感謝の気持ちでいっぱいです。

初めにオファーをいただいたとき、素直に嬉しい気持ちと、まだ発展途上で未熟な部分も多い私から、みなさんに伝えられることなんてあるのだろうか……と考えていました。

私は大それたことを成しとげたスーパービジネスパーソンでもなければ、高学歴でもなく、特段外見がいいわけでもない。ごく普通の一般人です。

ただひとつ、人より長けているなと自信を持って言えることを挙げるとすれば、おそらく周囲の方々にとても恵まれてきたこと。素敵な人たちからたくさんの学びを得て、ここまで導いてもらったことは、私が唯一お話しできる部分かと思います。

自信のない自分が嫌いで、どうにかして自信をつけようともがき続けた20代前半。自信のあるような振る舞いを身につけ、結果を出すことで無理やり自信を肉付けし続けたキャバクラ時代。そのときやその後の人生でたくさんの素敵な方々と出会い、そのままの自分自身でもいいんだと思えるようになるまでの軌跡も、ここまで経験した成功も失敗も、すべてが自分自身そのものであり、そんな自分を心から愛せるようになるまでを、この本には記させていただきました。

弱い自分を嫌っていたけれど、そんな自分の一面もひっくるめて自分自身なのだと許容することができたとき、本当の自分になれたと私は思いました。

ありのままの自分自身を愛して大切に思ってくれる人と出会えたら最高です。

そんな人と出会ったら、誰よりもなによりも大切にしてほしいと思います。人間、生きていたらいつ会うのが最後になってもおかしくない。大切な人に会えるうちに会って、大切に思っている気持ちを精一杯、行動と言葉で示していってほしいと思います。

家族、恋人、友人、職場の方……愛のかたちも表現方法もまた人それぞれですが、たくさんの愛との出会いや学びがあり、人間は、お互いの関わり合いの中で一番成長を遂げる生きものなんじゃないかなと思っています。

また私も短いようで長い、長いようで短いような一度きりの自分の人生で、これからもたくさんの素敵な方たちと出会うことでしょう。後悔を残さないように生きていき、自分がまわりにしてもらったように素敵な影響を誰かにもたらすことができるよう、日頃から精進していこうと思います。それが今の私を構築してくれた、すべての人たちにできる恩返しだと思っています。

数年後、考えも世界の見え方も形を変えているかもしれませんが、そのときはまた私が素敵な誰かと出会い、いろんな学びをもらったのだなと思っていただければ嬉しいです。
今この本を読んでくださっている方で、もし私と出会うことがあったときには、ぜひみなさんの人生での出来事、考えや言葉を私に聞かせていただきたいです。

そして、この本を出版してくださったＫＡＤＯＫＡＷＡ様、担当してくださった宮本さん、山岸さん、本当に貴重な経験をありがとうございます。かっこいいあとがきを書こうと意気込んでいましたが、初めてにはなかなかハードルが高い！
この本を作るまでに、担当者さんたちとたくさん打ち合わせを行なったことが、今までの人生をしっかりと振り返るきっかけになり、とてもいい経験をさせていただくことができました。

本当にありがとうございました。

大内悠里

1994年、三重県生まれ。専門学校卒業後、歌舞伎町のキャバクラでナンバーワンとなる。2018年に名古屋に移り、キャバ嬢として働きながら2019年に起業。シーシャバー煙山の1店舗目をオープンさせる。キャバ嬢を引退後、経営者として次々と店舗数を拡大。2023年配信の『バチェラー・ジャパン』シーズン5に参加。本書が初の著書。

すっぴんメンタル

自分《じぶん》の感情《かんじょう》に素直《すなお》になれば仕事《しごと》も恋愛《れんあい》も大事《だいじ》にできる

2024年4月19日　初版発行

著者　大内悠里《おおうちゆうり》
発行者　山下直久
発行　株式会社KADOKAWA
〒102-8177 東京都千代田区富士見2-13-3
電話　0570-002-301（ナビダイヤル）
印刷所　大日本印刷株式会社
製本所　大日本印刷株式会社

●お問い合わせ
https://www.kadokawa.co.jp/（「お問い合わせ」へお進みください）
※内容によっては、お答えできない場合があります。
※サポートは日本国内のみとさせていただきます。
※Japanese text only

定価はカバーに表示してあります。

ISBN 978-4-04-606728-9　C0095